Uta Reimann-Höhn

Keine Angst
vor Klassenarbeiten

Prüfungen
gelassen angehen

Die in diesem Werk angegebenen Internetadressen haben wir überprüft
(Redaktionsschluss 31. 10. 2002). Dennoch können wir nicht ausschließen, dass unter
einer solchen Adresse inzwischen ein ganz anderer Inhalt angeboten wird.

 http://www.cornelsen.de

Gedruckt auf chlorfrei gebleichtem Papier
ohne Dioxinbelastung der Gewässer.

Bibliografische Information
Die Deutsche Bibliothek verzeichnet diese Publikation in der
Deutschen Nationalbibliografie; detaillierte bibliografische Daten
sind im Internet über http://dnb.ddb.de abrufbar.

5.	4.	3.	2.	1.	Die letzten Ziffern bezeichnen
07	06	05	04	03	Zahl und Jahr der Auflage.

Konzeption und Redaktion: lüra – Klemt & Mues GbR, Wuppertal
Typografisches Konzept: Magdalene Krumbeck, Wuppertal
Fotos: Dirk Krüll, Panama / laif, Düsseldorf
Umschlaggestaltung: Magdalene Krumbeck, Wuppertal
Satz: stallmeister publishing, Wuppertal
Druck und Bindearbeiten: Clausen & Bosse, Leck
Printed in Germany
ISBN 3-589-21667-0
Bestellnummer 216670

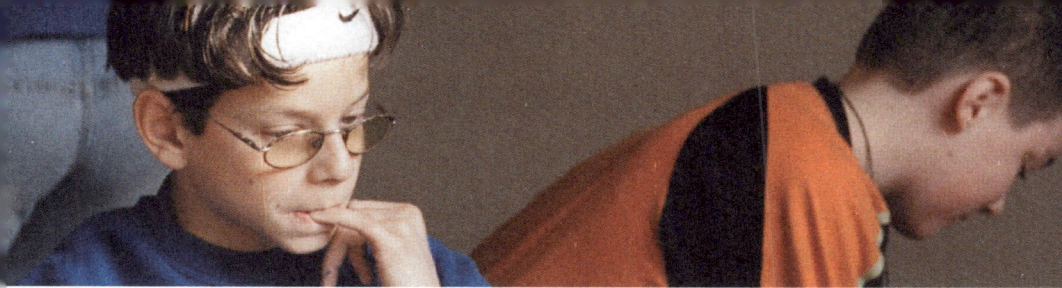

Inhalt

Vorwort

Die Angst vor einer wichtigen Prüfung kennt sicher jeder. Herzklopfen, schweißnasse Hände und ein leerer Kopf trotz gewissenhafter Vorbereitung lassen das eigene Versagen fast unausweichlich erscheinen. Und je näher der Termin rückt, desto größer wird die Angst ...

Prüfungsangst kann in einen Teufelskreis führen, der die Leistungsfähigkeit eines Heranwachsenden nachhaltig untergraben kann. Die Noten sacken in den Keller, alles wird nur immer schlimmer. Aus eigener Kraft gelingt es Schülerinnen und Schülern selten, sich aus dieser Abwärtsspirale zu befreien.

Gegen Prüfungsangst hilft Fleiß allein nicht.

In diesem Band erfahren Sie, was zu Prüfungsangst führen kann und wie Sie Ihrem Kind helfen können, wieder Selbstvertrauen zu gewinnen: Wie informieren Sie sich gezielt über das schulische Angebot und den persönlichen Entwicklungsstand Ihres Kindes? Bei wem finden Sie Unterstützung? Welche Hilfen können Sie als Eltern geben?

In alle Bände fließt neben der Erfahrung von Eltern auch die von Lehrkräften ein: Sie erfahren, welche Lösungen bei Problemen im schulischen Alltag vernünftig sein könnten und wie man sie durchsetzt. Im Alltag erprobte Anregungen helfen Ihnen, für Ihr Kind eine förderliche Umgebung zu schaffen, in der es seine Fähigkeiten und Begabungen optimal entwickeln kann.

Die leidigen
Klassenarbeiten

Schule ohne Prüfungen – das wäre schön. Aber ohne Diktate, Nacherzählungen, Bildergeschichten, Referate, Inhaltsangaben, Grammatikarbeiten, Hausaufgabenüberprüfung, Aufführungen, Buchvorstellungen und Tests sind unsere Bildungsanstalten kaum vorstellbar. In allen Schulformen gehören Leistungskontrollen durch Prüfungen mehr oder weniger zum Standard. In manchen Schulen beginnt die Notengebung schon mit der ersten Klasse, in anderen erst beim Wechsel auf eine weiterführende Schule. Immer aber sind die Heranwachsenden vor dem Schulabschluss zahlreichen Prüfungssituationen ausgesetzt.

Manche Schüler nehmen das mit bewundernswerter Gelassenheit hin, andere leiden vor und während einer Prüfung unter starker Anspannung. Sie fühlen sich körperlich unwohl, haben Kopfschmerzen oder Bauchweh, schneiden wegen der Aufregung schlecht ab oder sind vor lauter Stress nicht in der Lage, die Prüfung zu beenden. Und mit jedem Misserfolg wächst die Angst.

Teufelskreis Angst

Je öfter ein Kind scheitert, desto größer wird seine Anspannung vor der nächsten Arbeit. Der Druck steigt und verhindert, dass sich innere Sicherheit, Gelassenheit und Zuversicht in die eigenen Fähigkeiten einstellen. Diese Angst vor dem eigenen Versagen blockiert das Schulkind.

Wer zum ersten Mal vor diesem Problem steht, ist zunächst ratlos. Nicht wenige Eltern sind von dem Ausmaß der Angst überrascht und fragen sich, wie sie die Abwärtsspirale, die ihre Kinder immer tiefer in die Unsicherheit treibt, auflösen können. Wo ist der beste Ansatzpunkt?

Gutes Zureden bringt wenig. Aber was hilft dann?

Viele haben die Erfahrung gemacht, dass gutes Zureden allein den Kindern und Jugendlichen nichts bringt. Hat sich die Prüfungsangst erst einmal festgesetzt, hilft nur noch der Schritt zurück: nachdenken, wie die Sache anfing, welches Schlüsselerlebnis, welche Situation die Angst zum ersten Mal ausgelöst hat. Und welche Umstände haben dazu beigetragen, dass sich die Angst verfestigen konnte? Erst wenn man das weiß, schält sich heraus, was helfen könnte.

Ein echter Schock: Die erste Fünf

„In der Grundschule lag meine Tochter von ihren Leistungen her immer im oberen Drittel. Aber seit Simone ihre erste Fünf in der Deutscharbeit geschrieben hat, gerät sie in Panik, wenn die Lehrerin eine weitere Arbeit ankündigt. Das war in der fünften Klasse, ziemlich direkt nach dem Wechsel aufs Gymnasium. Simone hatte eigentlich ein gutes Gefühl, aber dann bekam sie diese schlechte Note zurück. Sie war sehr enttäuscht und nun traut sie sich einfach nichts mehr zu.

Obwohl wir zu Hause wirklich jede Arbeit gut vorbereiten und auch mal zwischendurch üben, scheint sie das Gelernte in der Arbeit gar nicht anwenden zu können. Sie ist schon am Tag vor der Arbeit sehr aufgeregt, klagt über Bauchschmerzen, isst kaum etwas und schläft schlecht. Und dann schreibt sie unabwendbar wieder eine Fünf oder sogar eine Sechs. Es kann passieren, dass sie im Aufsatz vor Aufregung total das Thema verfehlt. Dabei ist sie sehr fantasievoll, liest gerne und kann wunderschöne Geschichten erzählen. Auch in den anderen Fächern hat sie gute Noten. Aber bei Klassenarbeiten in Deutsch schaltet sie ab. Ich weiß nicht mehr, was ich noch tun kann, um ihr zu helfen."

Was hat Simones Prüfungsangst in Deutsch verursacht? Sie war eine gute Grundschülerin, hatte in Deutsch immer eine Eins oder Zwei im Zeugnis und ging deswegen mit hohen Erwartungen an sich auf die weiterführende Schule. Bei der ersten ernsthaften Leistungsüberprüfung in Deutsch schrieb sie – entgegen ihren Erwartungen – eine schlechte Note. Simone bekam einen kleinen Schock und auch den Eltern verschlug es zunächst die Sprache.

Es zeigte sich, dass die Schüler in der Grundschule nicht ausreichend auf die Anforderungen des Gymnasiums in diesem Fach vorbereitet worden waren, denn einigen Klassenkameradinnen von Simone erging es ähnlich. Im Grunde hätte es genügt, den Leistungsabstand zu den anderen Schülern aufzuholen und die Rechtschreibe- und Grammatikkenntnisse zu verbessern. Doch seit der Fünf traut sich Simone in Deutsch keine gute Leistung mehr zu. Sie ist völlig verunsichert, und es könnte sogar sein, dass das häusliche Üben mit der Mutter sie zusätzlich unter Druck setzt. Schon die bloße Befürchtung, erneut zu versagen, blockiert bei jeder Deutscharbeit Simones Leistungsvermögen. Sie hat Bauchschmerzen, fühlt sich kraftlos und leidet unter Schlafstörungen. Ihr Selbstbewusstsein schwindet zusehends. Aus diesem Teufelskreis kommt sie allein nicht mehr heraus. Schlimmer noch: Wenn sich negative Erwartungen, schwindendes Selbstbewusstsein und schlechte Zensuren weiterhin gegenseitig verstärken, wird sich Simones negative Haltung nicht nur weiter verstärken, sondern mit hoher Wahrscheinlichkeit auch auf andere Fächer ausweiten. Simone braucht dringend Hilfe, aber wie?

> **Immer mehr Kinder im Alter zwischen neun und 17 Jahren entwickeln Ängste.**

Was ist Angst überhaupt?

Eine Klassenarbeit, ein Test, überhaupt Lernkontrollen sind Situationen, in denen manche Kinder sich nicht nur herausgefordert, sondern direkt bedroht fühlen – sie haben Angst vor der schlechten Note, fürchten Versagen oder wollen sich nicht blamieren.

Psychologen haben durch Untersuchungen festgestellt, dass gerade in den Altersklassen neun bis 17 Jahre immer mehr Kinder Ängste entwickeln, und zwar nicht nur Prüfungsangst, sondern zunehmend auch Schulangst. Das kann so weit gehen, dass Kinder und Jugendliche den Schulbesuch vollständig verweigern. Manchmal sind Symptome wie Übelkeit, Bauchweh und Kopfschmerzen Anzeichen für eine tief greifende seelische Störung, die in fachärztliche Behandlung gehört. Aber auch weniger gravierende Ängste stellen alle Beteiligten vor Probleme.

Typisch für Kinder mit Prüfungsangst ist eine viel zu negative Einstellung sich selbst und der Umwelt gegenüber. Ihr Selbstbild ist verzerrt, sie unterschätzen sich und glauben immer stärker, die Anforderungen aus ihrem Umfeld nicht erfüllen zu können. Für sie werden Leistungskontrollen zu einer übermächtigen Bedrohung.

Das Bewusstsein von Gefahr führt zu physischen und psychischen Reaktionen. Ein uraltes Programm läuft an: Der gesamte Körper bereitet sich darauf vor, dem Feind schnell zu entkommen oder ihn anzugreifen. Mit erhöhter Aufmerksamkeit und gesteigertem Leistungsniveau wappnet er sich gegen das drohende Unheil.

Geringes Selbstbewusstsein ist typisch für Kinder mit Prüfungsangst.

Angst ist insofern eine wichtige und sinnvolle Reaktion auf Lebensgefahr. Durch die Angst bereitet sich der Körper automatisch auf eine Flucht oder einen Kampf vor.

Was geschieht, wenn wir Angst haben? Wir hören unser Herz pochen, schwitzen, bekommen rote Ohren oder hektische Flecken im Gesicht, manche Menschen haben sogar Bauchweh. Die innere Anspannung steigt und der Körper schüttet vermehrt Stresshormone (etwa Adrenalin und Cortisol) aus. Infolgedessen erhöhen sich unter anderem Blutdruck, Herzschlag und Atmung. Die Muskeln werden besser durchblutet, Haut und Hirn hingegen schlechter. Das wirkt sich auf die Versorgung dieser Organe mit Sauerstoff aus. Auf der Flucht oder im Kampf brauchten unsere Vorfahren al-

Angst ist eine sehr wichtige und sinnvolle Reaktion auf Gefahren, die unser Leben bedrohen können. Sie bereitet den Körper in bedrohlichen Situationen automatisch auf eine Flucht oder auf einen Kampf vor.

le Energie in Armen und Beinen, Weglaufen oder Nahkampfeinsatz waren gefragt. Und deswegen würden wir bei Gefahr heute noch am liebsten wegrennen oder draufhauen ...

Doch leider ist dies nicht das Verhalten, mit dem Schüler und Schülerinnen auf Klassenarbeiten oder Tests reagieren dürfen. Wer unter Prüfungsangst oder Stress leidet, ist eigentlich fluchtbereit. Trotzdem muss er sich hinsetzen, konzentrieren und das gelernte Wissen abrufen – obwohl das Gehirn unter Sauerstoffmangel leidet und die Ohren nur den eigenen Herzschlag hören. Die extreme Angst, die in bedrohlichen Situationen überlebenswichtig ist, kann bei einer Klassenarbeit nun wirklich niemand gebrauchen!

Eustress und Distress

Ein bisschen Aufregung ist in Ordnung und sogar nützlich, denn sie mobilisiert Reserven. Nur durch Anspannung kann ein Mensch körperlich und geistig hohe Leistungen erbringen. Der positive Stress, der so genannte Eustress, kurbelt den Kreislauf an und bereitet auf die Prüfung vor.

Ein bisschen Angst vor Prüfungen und Klassenarbeiten ist notwendig, um überhaupt richtig „in Fahrt" zu kommen und seinem Gehirn gute Leistungen abzuverlangen.

Absolute Gelassenheit, gar Langeweile, würde dazu führen, dass die Prüfung nicht ernst genug genommen wird und man nicht sein Bestes gibt. Aber der Eustress kann in Distress – negativen Stress – umschlagen. In diesem Zustand hat der Körper überreagiert, er ist zu hohen physischen oder psychischen Belastungen ausgesetzt und wird überfordert. Seine Entspannungs- oder Erholungsphasen reichen nicht aus oder fehlen ganz. Betroffene können sich kaum noch konzentrieren und versagen im schlimmsten Fall total. Man kann also festhalten: Ohne Eustress gibt es keine Höchstleistungen, Distress hingegen blockiert uns.

Doch warum entwickeln einige Menschen vor Prüfungen so viel Angst, dass sie am liebsten weglaufen möchten und ihr Leben bedroht sehen? Warum fühlen sie sich restlos überfordert und reagieren panisch, warum blockiert ihr Gehirn, warum bleibt ihnen die Stimme weg?

Da sich schulische Prüfungen oft sehr nachhaltig auf das weitere Leben auswirken, ist eine gewisse Bedrohung sicher keine Einbildung – aber wenn sie extreme Ausmaße annimmt, stimmen die Dimensionen nicht mehr. Und es sind auch gar nicht der Test, die Klassenarbeit, der Vortrag oder das Referat selbst, die den Schülern und Schülerinnen Angst einjagen. Es sind die gefürchteten Folgen, wenn die Aufgabe missglückt: Man könnte sitzen bleiben, von der Schule fliegen und ausgelacht werden. Gerade die soziale Komponente ist immens wichtig.

In diesem Zusammenhang ist eine nahe liegende Verwechslung bedeutsam: zu glauben, nicht nur das Wissen, sondern die gesamte Person würde in der Prüfung bewertet. So erleben viele Kinder und Jugendliche eine misslungene Klassenarbeit als Prestigeverlust. Sie fürchten, in den Augen von Mitschülern, Lehrern und Eltern weniger wert zu sein. Dieser Abwertung standzuhalten benötigt ein starkes Selbstbewusstsein und ein gut entwickeltes Selbstwertgefühl. Doch gerade in der Pubertät arbeiten die Heranwachsenden noch an diesen Eigenschaften, sind voller Selbstzweifel und suchen nach ihrer Identität.

Prüfungsangst ist oft auch Angst vor Ausgrenzung. Generell lässt sich daher sagen: Je selbstbewusster Ihr Kind ist, desto weniger wird es unter Prüfungsangst leiden.

Natürlich gibt es zahlreiche Schüler und Schülerinnen, die trotz mäßiger Leistungen keine allzu große Angst vor Prüfungen haben und relativ gelassen an die Aufgaben herangehen. Andere jedoch, und hier ist oft gar nicht einmal die Versetzung akut gefährdet, reagieren mit sehr starker Angst. Und gerade diese Angst hat dann zur Folge, dass die Betroffenen nicht richtig lernen, sich das Gelernte nicht merken oder zum richtigen Zeitpunkt abrufen können.

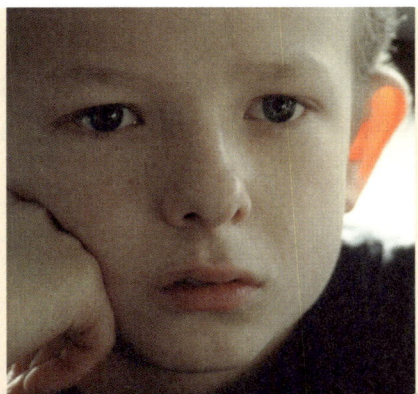

Angst ist normal! Jeder hat sie und jeder kennt sie. Oft hilft es, wenn Kinder und Jugendliche merken, dass nicht nur sie, sondern statistisch gesehen jeder Zweite unter Prüfungsangst leidet.

Wo kommt die Angst denn wirklich her?

Um der Prüfungsangst bei Schulkindern oder Jugendlichen zu begegnen, muss erst einmal geklärt werden, um welche Angst es sich eigentlich handelt.

Der Schlachtplan

Als sich Simones Prüfungsängste verstärkten und sie immer häufiger über Bauch- und Kopfschmerzen im Vorfeld von Klassenarbeiten klagte, wandten wir uns nach Rücksprache mit der Deutschlehrerin an die zuständige Schulpsychologin. In einem gemeinsamen Gespräch, an dem auch Simone teilnahm, erörterten wir das Problem und entwickelten einen „Schlachtplan". Simone bekam mehr Zeit, wurde vor jeder Deutscharbeit ausreichend über den Prüfungsinhalt informiert und während der Arbeit von der Lehrerin persönlich unterstützt. Dies führte bald zum gewünschten Erfolg.

Fachleute können Ihnen bei der Ursachensuche helfen.

Nicht immer muss gleich der schulpsychologische Dienst eingeschaltet werden, wenn ein Kind Prüfungsangst entwickelt.

Im Gespräch mit dem Heranwachsenden können Sie sich an die Ursachen herantasten. Manchmal hilft es schon, dass sich Jugendliche die genaue Ursache ihrer Angst bewusst machen können. Wenn Sie jedoch das Gefühl haben, mit dem Problem nicht zurande zu kommen, zögern Sie nicht lange. Lassen Sie nicht zu, dass die Ursachenforschung das Familienleben belastet – gerade jetzt muss sich Ihr Kind Ihrer Unterstützung sicher sein. Sie können nicht alles allein leisten: Suchen Sie ruhig den Rat von Fachleuten.

Eine genaue Analyse der Situation, in der ein Heranwachsender Angst vor Prüfungen entwickelt, ist der erste Schritt, um die Probleme anzugehen. Die Fragen in der Checkliste auf Seite 13 können dabei hilfreich sein. Eltern brauchen Geduld und Zeit um herauszufinden, was ihr Kind denn nun ganz genau belastet.

Erkennen Sie Ihre Grenzen ruhig an!

Stellt sich heraus, dass Ihr Kind Schwierigkeiten mit dem Lehrer hat, so kann ein persönliches Gespräch zwischen Eltern und Schule oft schon Klarheit bringen. Fühlt sich Ihr Kind generell überfor-

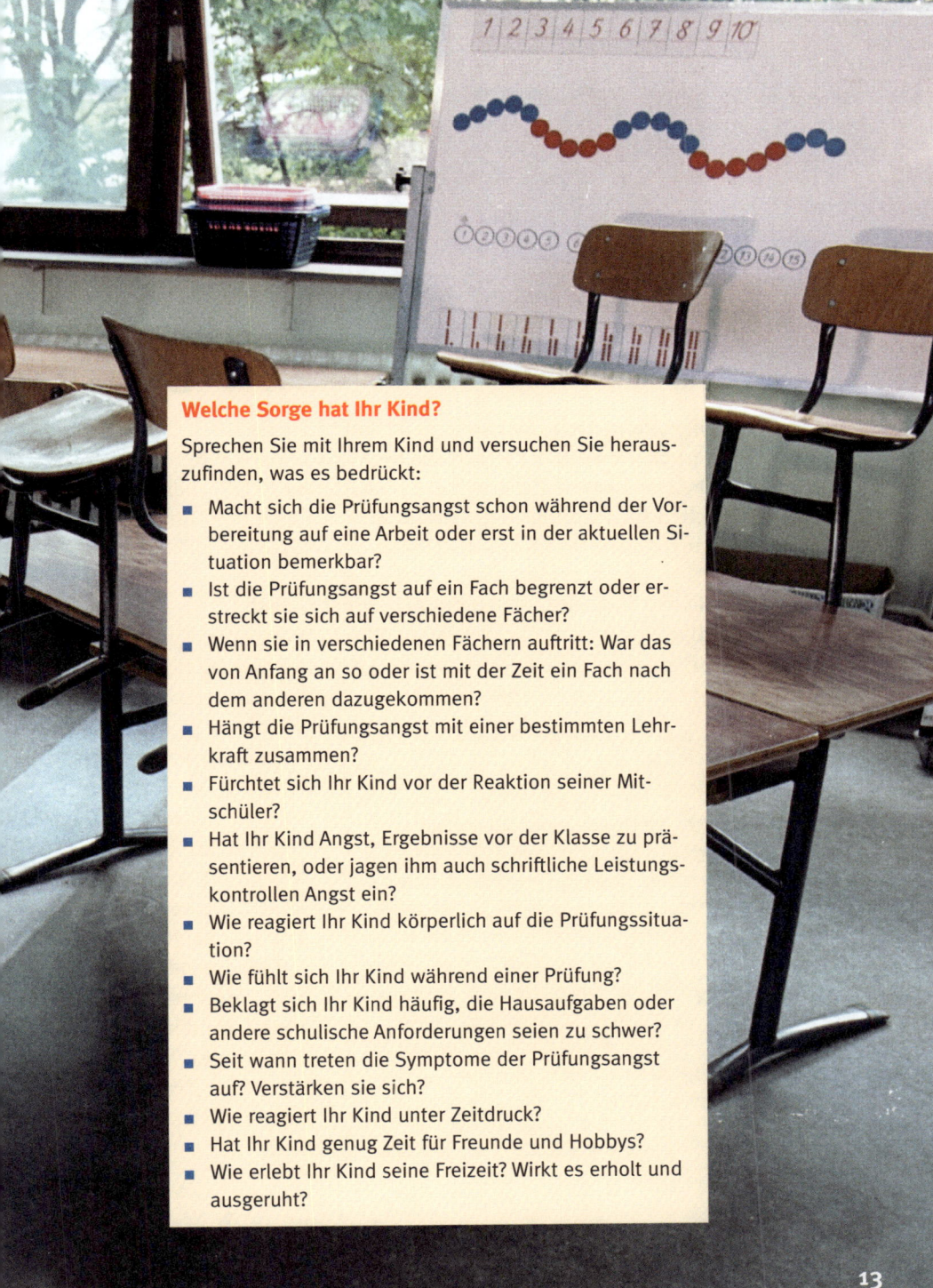

Welche Sorge hat Ihr Kind?

Sprechen Sie mit Ihrem Kind und versuchen Sie herauszufinden, was es bedrückt:

- Macht sich die Prüfungsangst schon während der Vorbereitung auf eine Arbeit oder erst in der aktuellen Situation bemerkbar?
- Ist die Prüfungsangst auf ein Fach begrenzt oder erstreckt sie sich auf verschiedene Fächer?
- Wenn sie in verschiedenen Fächern auftritt: War das von Anfang an so oder ist mit der Zeit ein Fach nach dem anderen dazugekommen?
- Hängt die Prüfungsangst mit einer bestimmten Lehrkraft zusammen?
- Fürchtet sich Ihr Kind vor der Reaktion seiner Mitschüler?
- Hat Ihr Kind Angst, Ergebnisse vor der Klasse zu präsentieren, oder jagen ihm auch schriftliche Leistungskontrollen Angst ein?
- Wie reagiert Ihr Kind körperlich auf die Prüfungssituation?
- Wie fühlt sich Ihr Kind während einer Prüfung?
- Beklagt sich Ihr Kind häufig, die Hausaufgaben oder andere schulische Anforderungen seien zu schwer?
- Seit wann treten die Symptome der Prüfungsangst auf? Verstärken sie sich?
- Wie reagiert Ihr Kind unter Zeitdruck?
- Hat Ihr Kind genug Zeit für Freunde und Hobbys?
- Wie erlebt Ihr Kind seine Freizeit? Wirkt es erholt und ausgeruht?

Während der ▶ Pubertät leiden Jugendliche nicht selten auch unter dem Druck der Gruppe.

dert, kann nach einer anderen Schulform gesucht werden. Ist Zeitdruck während der Arbeit das Problem, können differenzierte Arbeitsblätter möglicherweise vorerst Abhilfe versprechen. Die Ursachen für Prüfungsangst sind unterschiedlich, und um sie gezielt anzugehen, ist eine genaue Situationsanalyse hilfreich.

Immer Bauchweh – und der Arzt findet nichts!

Besonders betroffen reagieren Eltern, wenn ihre Kinder häufig über körperliche Beschwerden im Zusammenhang mit anstehenden Prüfungen klagen. Bauchweh, Kopfschmerzen, Übelkeit und Schlafstörungen im Vorfeld einer wichtigen Klassenarbeit sind deutliche Signale, die kaum übersehen werden können und Angst und Sorge um das Kind auslösen. Viele Schüler reagieren auch mit mangelndem Appetit und emotionalem Rückzug oder mit heftigen Anfällen einer bereits vorhandenen Krankheit wie Asthma oder Neurodermitis.

Tipp

Wenn Ihr Kind öfter Beschwerden hat, über Bauch- oder Kopfschmerzen klagt, dann kann es hilfreich sein, ein Tagebuch über diese Beschwerden anzulegen. Bitten Sie Ihr Kind, die genaue Zeit aufzuschreiben, in der die Schmerzen auftreten. Wichtig ist, dass es zusätzlich aufschreibt, wie der Tag bisher gelaufen ist und welche besonderen Ereignisse es in der Schule gab. Vielleicht stellt sich so schnell die Erkenntnis ein, dass schulische Anlässe und Beschwerden zeitgleich auftreten. Ist dies nicht der Fall, sollten Sie unbedingt einen Arzt aufsuchen.

14

Nicht nur im Vorfeld der Arbeiten, also im familiären Bereich, treten solche körperlichen Symptome auf. Gibt es Anzeichen für die Angst, die dem Lehrer auffallen können, und die er den Eltern möglicherweise mitteilt? Werden Sie hellhörig, wenn der Lehrer Ihnen von feuchten oder zitternden Händen oder auch von einem extrem passiven oder gereizten Verhalten Ihres Kindes berichtet.

Angst wirkt auf Leib und Seele, und große Ängste über längere Zeiträume machen krank, vor allem, wenn sich das Kind oder der Jugendliche ihnen hilflos ausgeliefert sieht. Der Besuch beim Hausarzt bringt meistens kein Ergebnis, denn die Beschwerden sind psychischer Natur und gehen nicht auf eine organische Erkrankung zurück. Das heißt nicht, dass Ihr Kind keine Hilfe braucht. Aber es wäre verkehrt, wenn Sie es ständig in Schutz nähmen. Dann bewirken die körperlichen Symptome, was sie bewirken sollen: Sie gestatten die Flucht vor der Prüfung und die Situation wird schlimmer statt besser. Ausweichen stärkt nur die Angst vor dem, was vermieden werden soll.

Wenn körperliche Beschwerden zur Regel werden und eine Schulverweigerung im Raum steht, sollten Familien auf jeden Fall fachliche Unterstützung in Anspruch nehmen.

Mir geht es heute nicht gut!

„Felix hatte schon in der Grundschule Angst vor Tests, aber so ab der siebten Klasse entwickelte er körperliche Beschwerden vor wichtigen Klassenarbeiten. Er schlief tagelang vorher nicht gut und konnte dementsprechend auch nicht besonders effektiv lernen. Mit der Zeit ging es ihm immer schlechter. Er klagte über Übelkeit und aß kaum noch etwas. Am Tag der Arbeit fühlte er sich oft so krank, dass ich ihn zu Hause ließ. Wir gingen immer zum Arzt, aber der konnte nichts feststellen. Vielleicht beruhigte ich mit dem Gang zum Arzt auch nur mein Gewissen, denn mit jedem Fehltag in der Schule fühlte ich mich hilfloser.

Am nächsten Tag ließen die Beschwerden dann meistens nach. Ich schwankte immer zwischen Mitleid und schlechtem Gewissen, weil er wichtige Schulinhalte verpasste und Klassenarbeiten versäumte. Mein älterer Sohn Johannes hatte diese Schwierigkeiten nie, er ist ein sehr guter Schüler. Vielleicht vergleicht Felix sich zu sehr mit ihm."

Felix' Symptome verstärkten sich stetig und die Eltern wurden immer besorgter. Ein Gespräch mit der Klassenlehrerin brachte nichts Neues, und so wandten sie sich an eine örtliche Erziehungsberatungsstelle und vereinbarten einen Termin. Dort wurde das Problem genau betrachtet und dann gemeinsam nach Hilfsmöglichkeiten gesucht.

In einer spielerischen Verhaltenstherapie lernte der Junge, seine Ängste zu erkennen und zu bewältigen. Er baute mehr Selbstvertrauen auf und konnte sich nach und nach den Aufgaben der Schule besser stellen.

Aber auch die Eltern wurden zu regelmäßigen Gesprächen eingeladen. Sie bemerkten an ihrem eigenen Verhalten Züge, mit denen sie die Angst ihres Sohnes unwillentlich verstärkt hatten. Dank der gezielten Anregungen einer Psychologin sahen sie, wie sie ihrem Kind effektiv helfen konnten. Mit Lernstrategien und der richtigen familiären Unterstützung hat Felix seine Prüfungsangst nun im Griff. Ein Schulwechsel war nicht notwendig.

Unterstützung durch Fachleute kann sehr wichtig sein. Werden große Ängste nicht behandelt, wachsen sie sich nicht selten zu so genannten generalisierten Ängsten aus. Das bedeutet, dass sich die Angst von der ursprünglichen Ursache ablöst und auf andere soziale Situationen übertragen wird, in denen sich das Kind oder der Jugendliche beobachtet, kritisiert oder abgelehnt fühlt. Das kann bis zur vollständigen Verweigerung des Schulbesuchs gehen oder zu einer solchen Zunahme der körperlichen Beschwerden führen, dass eine echte Erkrankung entsteht.

Der Leistungsdruck wird heute oft übermächtig.

Muss es immer Abi sein?

Unsere Gesellschaft entwickelt in immer höherem Maße ein starkes Bildungsgefälle. Gut ausgebildete junge Erwachsene mit Abitur und Studium haben relativ gute Chancen auf dem Arbeitsmarkt. Für Jugendliche mit Hauptschul- oder Realschulabschluss sieht es da schon schlechter aus, und deshalb steigt die Zahl der

Gymnasialschüler an, die der Real- und besonders der Hauptschüler nimmt ab. In den letzten 30 Jahren ist der Anteil der Hauptschüler im Schulsystem kontinuierlich gesunken. Ihnen fällt es zunehmend schwerer, einen Ausbildungsplatz zu finden. Ob es im Einzelfall nun stimmt oder nicht – mangelnde Lese- und Rechenfähigkeiten werden inzwischen mit einem Hauptschulabschluss fast gleichgesetzt. Es ist eine Tatsache: Arbeitgeber und Ausbildungsbetriebe bevorzugen Jugendliche mit Realschulabschluss oder Abitur.

Dies ist vielen Eltern nur zu deutlich bewusst. Sie streben für ihr Kind den bestmöglichen Schulabschluss an, angesichts der Realität sicher ein sinnvoller Wunsch. Aber manchmal schießen sie damit über das Ziel hinaus – nicht immer ist der höchste Schulabschluss die beste Lösung für das Kind. Aber wie findet man das heraus? Wann ist Prüfungsangst ein Zeichen für eine tatsächliche Überforderung des Kindes? Wann nur Ausdruck vorübergehender Schwierigkeiten? Wann ein Signal, die gewählte Schulform zu überdenken?

Fragen Sie den Klassenlehrer nach der Situation in der Klasse.

Dazu kommt ein zweites Problem: Der Leistungsdruck hat in Gestalt von Noten oder angestrebten Schulabschlüssen längst das Klassenzimmer erreicht. Die Konkurrenz ist groß, die Anforderungen wachsen, und Kinder sind sehr verschieden. Wann muss man seinem Sprössling „Dampf machen" und wann erreicht man damit genau das Gegenteil von dem, was man wollte? Und wann spielen einem die eigenen Erwartungen einen Streich? Es sind sehr viele Unbekannte im Spiel, die richtige Entscheidung fällt schwer. Nehmen Sie sich also die Zeit, diese Fragen zu klären. Sprechen Sie zum Beispiel in Ruhe mit den verschiedenen Lehrkräften Ihres

Prüfungsangst kann vollkommen berechtigt sein, nämlich dann, wenn sich die Begabung des Kindes in der gewählten Schulform nicht entfalten kann. Dann ist ein Schulwechsel die beste Lösung.

Kindes. Vielleicht ist es mit seinen Fähigkeiten in der gewählten Schulform nicht gut aufgehoben. Nicht immer ist diese Entscheidung nach der vierten Klasse einfach zu treffen. Manche Kinder brauchen etwas länger, bis sich zeigt, wo sie sich am besten entfalten können. Wenn Ihr Kind in fast allen Hauptfächern erhebliche Probleme hat, wenn es auch im Umgang mit seinen Klassenkameraden auf Schwierigkeiten stößt und für die Lerninhalte gar kein Interesse entwickelt, sollten Sie unbedingt die Schulform überdenken. Wenn Sie sich nicht sicher sind, ob Ihr Kind überhaupt die richtige Schule besucht, gibt es mehrere Wege, dies zu überprüfen. Natürlich steht das Gespräch mit dem Klassenlehrer beziehungsweise der Klassenlehrerin und den Fachlehrern an erster Stelle. Falls Sie dies nicht weiterbringt, gibt es noch andere Möglichkeiten.

Schärfen Sie den Blick für die Stärken Ihres Kindes.

In einigen pädagogischen oder psychologischen Praxen werden Laufbahnberatungen angeboten, ebenso bei Schulpsychologen oder bei Beratungsstellen, die sowohl den geeigneten Schulweg für Ihr Kind eingrenzen als auch bei der Wahl der konkreten Schule helfen.

Es ist schon nicht einfach, sich über die verschiedenen Schulformen einen umfassenden Überblick zu verschaffen – neben Gymnasium, Gesamt-, Haupt- und Realschule gibt es ja Montessorischulen sowie verschiedenste Privatschulen und etliche weitere Alternativen, so etwa die Waldorfschulen. Dass heute jede einzelne Schule innerhalb der Schulform eigene Schwerpunkte setzen kann und ein eigenes Programm aufstellen muss, ist eine große Bereicherung, vermehrt aber auch die Unübersichtlichkeit. Eine kompetente Beratung, bei der Ihnen die verschiedenen Möglichkeiten differenziert vorgestellt werden, hilft hier ein großes Stück weiter. Je nach der Anlage und dem Wesen Ihres Kindes bieten sich verschiedene Schulen an. Manche erwarten beispielsweise eine hohe Selbstständigkeit von den Schülern und arbeiten projektorientiert, andere bieten besonders kleine Klassen, wieder andere setzen ihre Schwerpunkte im musischen oder kreativen Bereich. Und wenn sich herauskristallisiert, dass Ihr Kind an der ursprünglich gewählten Schule unglücklich ist und die Ausrichtung des Schulprogramms nicht zu seinen Neigungen und Begabungen passt, lohnt sich der mit einem Schulwechsel verbundene Aufwand unbedingt.

Natürlich hat sich schon so mancher Schulversager im Intelligenztest als verkapptes Genie entpuppt. Aber darauf kann man sich nicht verlassen!

Ein Intelligenztest kann helfen

Wenn Ihr Kind den Glauben an sich selbst verloren hat, dann könnten Sie gemeinsam überlegen, ob ein Intelligenztest angeraten wäre. Das Ergebnis könnte das Selbstbewusstsein des Heranwachsenden stärken. Wenn Sie diese Möglichkeit in Erwägung ziehen, sollten Sie Rat bei zuständigen Schulpsychologen oder Erziehungsberatungsstellen suchen. Dort werden IQ-Tests durchgeführt. Informieren Sie sich ausführlich über die Rahmenbedingungen und erklären Sie, mit welcher Zielsetzung Sie Ihr Kind testen lassen wollen. Es leidet unter Prüfungsangst, das heißt, es steht ohnehin unter enormem Stress durch Tests und Leistungskontrollen. Es sollte nur, wenn kein Weg daran vorbeiführt, zusätzlichen Belastungen dieser Art ausgesetzt werden.

Das Testergebnis ist unter Umständen sehr geeignet, das Selbstbewusstsein des Heranwachsenden zu stärken. Auch wenn das Ergebnis nicht den Überflieger enttarnt, betrifft Prüfungsangst meistens Kinder, die ihre Möglichkeiten nicht ausschöpfen. Ihnen bringt ein „normaler IQ" die Gewissheit, dass sie mit dem Rest der Klasse eigentlich locker mithalten können.

Aber Vorsicht! Es ist nicht auszuschließen, dass der IQ-Test ein unterdurchschnittliches Ergebnis anzeigt, und das würde Ihr Kind noch weiter niederdrücken. In diesem Fall sollten Sie das auswertende Gespräch mit dem Psychologen nutzen, um die vielfältigen Fähigkeiten und Möglichkeiten Ihres Kindes zu erkennen. Jedes Kind hat Stärken, die seine Schwächen ausgleichen können. Der IQ ist ein Faktor unter vielen und bei weitem nicht der wichtigste, was den beruflichen Erfolg angeht, vom Erfolg im Leben ganz zu schweigen. Bei diesem Test werden spezifische, überwiegend logisch-mathematische Fähigkeiten abgefragt. Andere Fähigkeiten, wie beispielsweise Persönlichkeit, Ehrgeiz, besondere Talente, die mindestens genauso bedeutsam sind, werden überhaupt nicht erfasst.

Wissenschaftlich abgesicherte Testverfahren funktionieren inzwischen recht zuverlässig und können – vom erfahrenen Psychologen durchgeführt und in eingehenden Gesprächen erläutert – eine wertvolle Entscheidungshilfe geben. Jedes Kind hat seine besonderen Begabungen, und es ist wichtig, den dazu passenden Schultyp und die richtige Schule zu ermitteln. Wenn psychologische Tests und eben auch der IQ-Test dazu beitragen, kann das nur von Vorteil sein.

„Intelligenz" ist mehr als nur logisches Denken.

Ein Schulwechsel ist nur in der Minderzahl der Fälle notwendig. Meist lässt er sich durch geeignete Maßnahmen vermeiden. Auch hier sollten Sie sich nicht scheuen, im Zweifel lieber professionelle Hilfe hinzuzuziehen. In der Regel können Sie jedoch gemeinsam mit Ihrem Kind selbst eine Menge tun. Die folgenden Kapitel stellen Ihnen die verschiedenen Möglichkeiten vor.

Entdecken Sie die Stärken Ihres Kindes

Mit dem Eintritt in die leistungsbetonte Welt der Schule treten die vielfältigen Talente, Interessen und Stärken der Kinder oft etwas in den Hintergrund. Das Augenmerk der Erwachsenen liegt nun auf den so genannten Kulturtechniken Lesen, Schreiben und Rechnen, und die Kinder neigen dazu, sich und ihren Selbstwert ebenfalls an ihren Schulnoten zu messen.

Doch der Zusammenhang zwischen IQ und Schulnoten ist nur mittelmäßig, zwischen IQ und Erfolg in der Ausbildung oder im Beruf noch geringer. In der modernen Intelligenzforschung, zum Beispiel bei Howard Gardner, unterscheidet man verschiedene Teilintelligenzen, die jede für sich oder in Verbindung miteinander genutzt werden können. Der Intelligenzbegriff umfasst nicht mehr nur abstraktes Denken und Denkvermögen, sondern auch ganz alltägliche Fähigkeiten wie Einfühlungsvermögen in andere Menschen oder einsichtige Selbstkritik.

Da Kinder und Jugendliche mit Prüfungsangst oft unter einem zu geringen Selbstwertgefühl leiden, ist es wichtig, mit dem Hervorheben ihrer Stärken ihr Selbstbewusstsein zu stärken, und ihnen mehr Mut und Zutrauen in ihre Fähigkeiten zu geben.

Loben Sie Ihr Kind, wann immer sich eine Gelegenheit dazu findet.

Was kann Ihr Kind besonders gut?

Intelligenz hat viele Facetten. Richten Sie Ihr Augenmerk auf verschiedene Bereiche und versuchen Sie herauszufinden, welche besonderen Fähigkeiten Ihr Kind hat. Sie werden viel entdecken:

- Ist Ihr Kind motorisch begabt, vielleicht sehr sportlich?
- Mag es Tiere und ist es sehr naturverbunden?
- Hat es die Fähigkeit, sich im Alltag und in schwierigen Situationen schnell zurechtzufinden?
- Zeigt es eine Begabung für logisches Denken?
- Ist Ihr Kind besonders musikalisch, hat es Freude an künstlerischer Beschäftigung?
- Versteht sich Ihr Kind gut mit anderen Kindern? Ist es im Freundeskreis beliebt und anerkannt?
- Kann es sich auffallend gut mündlich und schriftlich ausdrücken?
- Wie steht es um das räumliche Vorstellungsvermögen? Findet sich Ihr Kind sicher zurecht? Kann es sich in fremden Umgebungen gut orientieren?
- Ist Ihr Kind bisweilen überraschend einfallsreich und fantasievoll?

Bestimmt können Sie mehr als eine Frage bejahen.

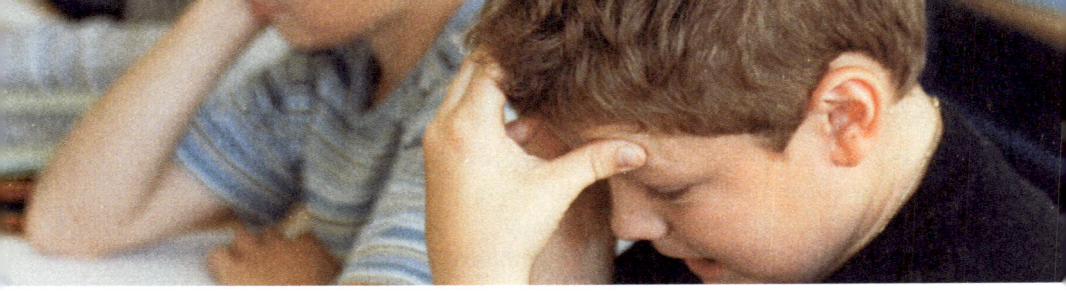

Ich schaff das schon!

Eine positive Einstellung gegenüber sich selbst ist enorm wichtig. Wer an sich glaubt, tritt ganz anders auf als ein völlig verunsicherter Mensch. Man kann den Einfluss des Selbstvertrauens schon auf das Verhalten von Kindern und Jugendlichen kaum überschätzen. Das gilt nicht zuletzt auch für Prüfungen.

Ein Kind mit Prüfungsangst muss vor allem lernen, sich Mut zuzusprechen, auf seine eigenen Fähigkeiten zu vertrauen und sich nicht von seiner Angst beherrschen zu lassen. Der Teufelskreis muss durchbrochen werden, das ist das Wichtigste. Gerade ältere Kinder und Jugendliche können bereits eine Menge tun, um sich selbst zu stärken und Angst abzubauen.

> **Man kann den Einfluss des Selbstvertrauens auf das Verhalten von Kindern und Jugendlichen kaum überschätzen. Das gilt nicht zuletzt auch für Prüfungen.**

Manchen Kindern hilft es, wenn sie sich in Stresssituationen einen Schulkameraden oder eine andere Person vorstellen, die nicht unter Prüfungsangst leidet. Sich in eine Person hineinzuversetzen und deren Bewegungen, Verhaltensweisen und Reaktionen zu kopieren, kann die eigene Angst in den Hintergrund drängen. Das lässt sich im Vorfeld einer Prüfung trainieren. Dabei führt sich das Kind oder der Jugendliche immer wieder die Verhaltensweisen des Vorbildes vor Augen und übt, selbst genauso zu handeln, etwa so: „Peter hätte keine Angst, er würde jetzt seinen Füller nehmen und drauflos schreiben. Wenn er etwas nicht weiß, dann überspringt er die Aufgabe und versucht einfach, eine andere zu lösen."

Mit ein wenig Übung kann Ihr Kind sich dann auch in der Prüfungssituation dieses angstfreie Verhalten vorstellen und diesem Vorbild nacheifern.

Die Angst muss weg!

Es gibt kein Wundermittel, um Prüfungsangst über Nacht verschwinden zu lassen. Wer unter Angst leidet, muss sich ganz bewusst dafür entscheiden, dieser Angst aktiv zu begegnen und den Kampf gegen die meist unbegründete Panik aufzunehmen.

Am Anfang jeder Veränderung steht also neben dem Eingeständnis, dass die Prüfungsangst existiert und bewältigt werden muss, der Wille des Kindes oder des Jugendlichen, dieses unangenehme, störende und zerstörende Gefühl zu bewältigen.

„Ich will und werde die Prüfung durchstehen!" Dieses Ziel muss klar formuliert sein. Wann es erreicht sein wird, ist erst mal unwichtig. Zeitdruck wirkt nur störend. Am besten arbeiten Sie sich in kleinen, aber wirksamen Schritten an dieses Ziel heran. Bei der grundsätzlichen Entscheidung geht es nicht darum, gute Noten zu schreiben. Wichtig ist lediglich der Wille, Prüfungen angstfrei zu überstehen. Verschwindet die Angst, stellen sich die guten Leistungen früher oder später von selbst ein.

Am Anfang steht der Entschluss. Und wo ein Wille ist, findet sich der Weg.

Mut kann man trainieren

Das Gehirn ist ein kompliziertes Gebilde. Wie es genau funktioniert, haben wir noch lange nicht erforscht, aber mehr und mehr Vorgänge werden erklärbar.

Ein Grundbaustein des Lernens ist die Verknüpfung von Reiz und Reaktion, die ursprünglich nichts miteinander zu tun haben. Entdeckt hat diesen Zusammenhang der russische Forscher Pawlow, und deswegen heißt die gelernte, unmittelbare Verknüpfung eines Sinnesreizes mit einer körperlichen Reaktion Pawlow'scher Reflex.

Das ist nicht auf Menschen beschränkt: Stellt man einem Hund in immer dem gleichen Napf sein Fressen hin, löst nach einer gewissen Zeit auch der ungefüllte Napf verstärkten Speichelfluss beim Vierbeiner aus. Oder ein Beispiel aus unserem eigenen Erfahrungsbereich: Brillenträger ertappen sich mitunter dabei, dass sie die Brille hochschieben, obwohl diese auf dem Tisch vor ihnen liegt ... Dann spricht man von Konditionierung.

Vom Lernen und Verlernen

Wie entsteht eine Konditionierung? Es gibt bestimmte Auslöser, auf die das Gehirn mit immer dem gleichen Muster reagiert. Ist jemand beispielsweise mal von einem Hund gebissen worden und verbindet dieses Erlebnis mit großer Angst, so wird er beim Anblick jedes Hundes, gleichgültig, ob dieser tatsächlich bösartig ist oder nicht, große Angst empfinden. Das Gehirn nimmt sozusagen den Biss vorweg und will ihn auf jeden Fall vermeiden. Das negative Erlebnis hat sich tief eingegraben, wurde ein für alle Mal abgespeichert. Für einen anderen Ausgang der Begegnung zwischen Mensch und Hund scheint es in den grauen Zellen keinen Platz mehr zu geben, und so wiederholt man die Angst, die man früher erlebt hat. Gebranntes Kind scheut das Feuer, heißt das Sprichwort, und genauso empfindet ein Mensch, der einmal von einem Hund gebissen wurde, mächtigen Respekt vor diesem Haustier.

Es ist ungemein wichtig, angemessenes Lernen zu lernen.

Es ist aber durchaus möglich, diesen Automatismus zu unterbrechen. Verhaltensweisen, die anders als zum Beispiel das Atmen nicht biologisch oder physiologisch vorgegeben sind, lassen sich das ganze Leben lang formen. Anders gesagt: Alles, was gelernt wurde, lässt sich wieder verlernen. Das Konzept der Autosuggestion baut nun darauf auf, dass ein Mensch durch die Beeinflussung seiner Gedanken in der Lage ist, seine realen Gefühle zu verändern. Positive Gedanken führen zu positiven Gefühlen, negative Gedanken verstärken den Trend zum Unglücklichsein. Gerade im Sport kann man immer wieder beobachten, wie sich Fußballspieler, Tennisprofis oder Formel-1-Fahrer selbst anfeuern und noch aus denkbar ungünstigen Positionen Erfolge erzielen. Seltsame Rituale finden da statt: Der eine ballt die Faust, die andere rammt den Ellenbogen nach unten. Warum machen solche Rituale Sinn? Weshalb können bestimmte Worte oder Bewegungen, Bilder oder Gerüche positive Verstärker sein? Dies hat etwas mit der Funktionsweise des menschlichen Gehirns zu tun.

Das Gehirn hat zwei Hälften, denen man grob zwei Bereiche zuordnen kann. Die linke Hemisphäre ist vorwiegend für rationale Dinge und Sprache zuständig, die rechte für das Gefühl. Autosuggestion heißt nun, dass man zum Beispiel leise positive Gedanken murmelt und sich damit selbst in eine positive Stimmung versetzt. Die verbale, rationale linke Gehirnhälfte wirkt über die Worte auf die emotionale rechte Gehirnhälfte ein und beeinflusst so unsere Gefühle.

Leise Töne oder markige Gesten – unsere Erfolge liegen mitunter buchstäblich in unserer Hand.

Menschen mit Prüfungsangst können sich von den Sportlern wirklich etwas abschauen. Die Selbstmotivation über positive Sätze oder wiederholt ausgeübte Bewegungen hilft, sich einer unangenehmen, angstbesetzten Situation zu stellen und sie kämpferisch und positiv anzupacken.

Solche Sätze sollten, um das ängstliche und negative Denken wirksam zu stoppen, stets positiv formuliert werden. Statt sich zu sagen: „Ich bin nicht aufgeregt", ist es viel wirksamer, die positive Variante zu wählen: „Ich bin ganz ruhig."

◀ Im Sport bieten sich gute Möglichkeiten, die eigenen Fähigkeiten zu erproben und Erfolge zu erringen.

Sätze, die Mut machen:

- Jetzt erst recht.
- Ich schaffe das schon.
- Alles, was ich weiß, wird mir in der Arbeit einfallen.
- Ich bin gut vorbereitet.
- Mir geht es gut.
- Die Prüfung wird gut ausgehen.
- Mein Herz schlägt ganz ruhig.
- Ich bin ganz konzentriert.
- Die Arbeit werde ich schon schaffen.
- Es macht mir Spaß, mein Wissen zu zeigen.

Es folgen einige Beispiele, mit denen Kinder und Jugendliche vor einem Test oder auch schon in der Vorbereitungsphase ihr Selbstbewusstsein stärken und ihre Angst bekämpfen können. Üben Sie mit Ihrem Kind regelmäßig diese Form der Selbstbestärkung. Leben Sie solche Mutmachersätze ruhig auch vor, bauen

Tipp

Erfolg kann man trainieren: Sprechen Sie mit Ihrem Kind den Ablauf einer Prüfung genau durch. Benutzen Sie positive Wörter, schildern Sie die schönen Seiten: die Freude über eine gelöste Aufgabe, die Chance, sich zu beweisen, der Spaß am Knacken von Problemen, das gute Gefühl, etwas zu leisten, die Bestätigung, die allein schon das Durchhalten bringt, und dann die Befriedigung nach dem Ende der Arbeit, das gemeinsame Eisessen nach Schulschluss.

Sie sie in den Alltag ein. Ein Vater, der morgens vor einem unangenehmen Geschäftstermin beim Frühstück mehrmals „Ich weiß, was ich kann!" ausruft, hilft seinem Kind, dieses ebenfalls zu versuchen.

Für Kinder und Jugendliche ist es besonders interessant, den Motivationssatz mit einer Bewegung zu verbinden. Denken Sie an Boris Becker: Er ballt die Faust, um sich auf Sieg zu programmieren. Es ist unerheblich, **Motivieren Sie Ihr Kind, sein Wissen zu zeigen.** für welche Bewegung sich Ihr Kind entscheidet. Wichtig ist nur, dass es die Bewegung mit einem Mutmachersatz verknüpft und so lernt, aufkeimende Angst oder Entmutigung zu verdrängen. Aber auch eine positive Beschäftigung mit der Prüfung kann helfen.

Der Kopf spielt mit

Wenn einzelne Sätze und Bewegungen nicht helfen, könnte das so genannte mentale Training ein weiterer Schritt sein, die Angst zu bewältigen. Damit können Kinder und Jugendliche üben, wie sie den Verlauf von Prüfungen durch positive Bilder und Vorstellungen beeinflussen.

Wir machen oft den Fehler, dass wir uns eine erwartete Katastrophe in allen Einzelheiten ausmalen. Und so sehen auch die von Prüfungsangst geplagten Schüler und Schülerinnen bildlich vor sich, wie sie in der Klassenarbeit versagen, einen Blackout haben, kein

Wort zu Papier bringen. Sie stellen sich die schlechte Note vor, die Missachtung der Mitschüler oder des Lehrers und nicht zuletzt die enttäuschten Reaktionen der Eltern.

Dass solche Fantasien das Wohlbefinden nicht eben fördern, liegt auf der Hand. Und die Auswirkungen beschränken sich nicht auf die Laune, sie können auf die körperliche Verfassung durchschlagen. Diese Denkrichtung muss und kann umgekehrt werden. Statt der negativen Bilder sollten Kinder und Jugendliche sich die Prüfung lieber als Erfolg verdeutlichen.

Diese Vorstellungen setzen sich im Gehirn fest und werden in der Prüfung wirksam.

Auch wenn es am Anfang vielleicht schwer fällt: Rücken Sie die für Ihr Kind angstbesetzte Situation in ein positives Licht. Es ist sinnvoll, solche Vorstellungen täglich zu üben. Durch die Gewöhnung erscheint die nächste Klassenarbeit oder das nächste Referat ein klein wenig weniger schrecklich. Darauf können Sie dann aufbauen. So öffnet sich ein Ausweg aus der Prüfungsangst, der Teufelskreis wird durchbrochen und eine Aufwärtsspirale löst ihn ab.

Andere Möglichkeit: Das Kind stellte sich gerade die befürchtete Situation vor – nichts fällt ihm ein, der totale Blackout ist da – und denkt sich bewusst in die Überwindung dieses Moments hinein, zum Beispiel mit einer Entspannungsübung, die ihm hilft, die Blockade zu bewältigen.

So bekommen Kinder Selbstvertrauen

Stärken Sie Ihr Kind, wo immer Sie es können. Um der Prüfungsangst begegnen zu können, muss Ihr Kind den Glauben an sich und seine Fähigkeiten wieder finden. Dies können Eltern dadurch unterstützen, dass sie sich in allen Lebenssituationen, nicht nur wenn es um das Lernen geht, um einen respektvollen Umgang miteinander bemühen. Zeigen Sie Ihrem Kind, dass Sie es achten und seine Sicht der Dinge interessant und wichtig finden.

Diskutieren Sie gemeinsam über die täglichen Erlebnisse aus der Schule oder dem Freundeskreis, aber auch über Ihre Gedanken und Wünsche. Beteiligen Sie Ihr heranwachsendes Kind an möglichst vielen Entscheidungen, die die Familie betreffen:

■ Beziehen Sie es aktiv in die Urlaubsplanung ein, indem es beispielsweise im Internet ein Hotel suchen soll.

■ Bieten Sie ihm an, einmal in der Woche oder im Monat das Essen für die Familie auf den Tisch zu bringen. Teilen Sie ihm dafür Haushaltsgeld zu, so dass es wirklich selbstständig entscheiden kann, was es kocht. Und wenn es die ersten Male nur Tiefkühlpizza oder Nudeln mit Butter gibt, so akzeptieren Sie das klaglos.

■ Geben Sie im Rahmen Ihrer Möglichkeiten dem Wunsch nach einem Haustier nach und übertragen Sie Ihrem Kind in altersgerechtem Umfang die Verantwortung dafür. Zahlreiche wissenschaftliche Untersuchungen belegen, dass der Umgang mit Tieren Kinder von emotionalem Stress entlasten kann. Natürlich sollten Sie sich vorab über die Bedingungen informieren, unter denen bestimmte Tiere gehalten werden können. Denn Sie als Eltern sind in letzter Instanz für das Wohlergehen des Tieres verantwortlich.

Selbstbewusstsein ist das Wissen um sich selbst, um die eigenen Fähigkeiten, aber auch Grenzen.

■ Manche Familien führen wöchentliche Konferenzen, in denen jedes Mitglied gleichberechtigt seine Wünsche und Klagen über das Zusammenleben anbringen kann. Jeder hat gleich viel Redezeit, jeder wird gehört und Veränderungen werden gemeinsam besprochen. Das stärkt das Vertrauen in die eigenen Möglichkeiten, Problemlöseverhalten wird entwickelt und Kinder lernen, ihren Einfluss auf den Alltag wahrzunehmen.

Wenn sich ein Kind zu Hause stark und sicher fühlt, dann kann es viel leichter mit den Anforderungen der Außenwelt, eben auch der Schule, umgehen. Ein Kind muss sich in seiner gesamten Persönlichkeit akzeptiert und anerkannt fühlen, es braucht die Sicherheit, in der Familie einen unersetzbaren Platz einzunehmen.

Prüfungsangst bedeutet übermäßige Anspannung des gesamten Organismus. Diese Anspannung muss verringert werden, um wieder einen klaren Kopf zu bekommen.

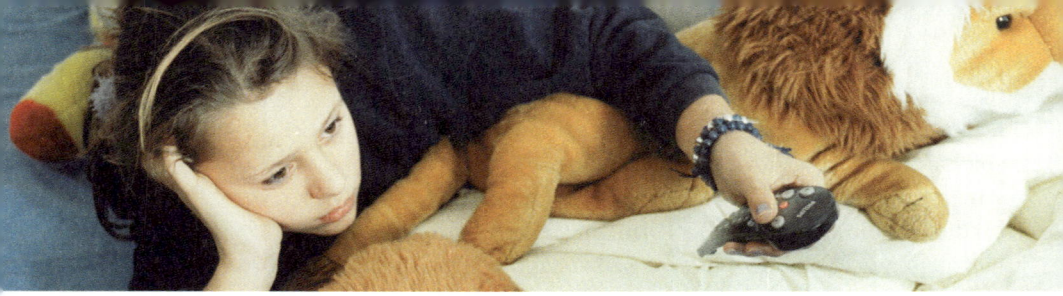

Entspannung
und Ermutigung

Schlafstörungen, Konzentrationsschwäche und Unruhe sind Zeichen von zu hoher Anspannung. Solange der Körper auf Hochtouren läuft, kann der Kopf keinen geraden Gedanken fassen. Alles ist auf Weglaufen oder Angriff programmiert. Die Spannung muss also auf ein erträgliches Maß reduziert werden, damit sich der unter Druck geratene Mensch wieder auf die geforderten Fähigkeiten besinnen kann. Angst verträgt sich nicht mit Entspannung.

Kleine Manager

Viele Kinder und Jugendliche haben heutzutage ein sehr umfangreiches Pensum. Zu der Schule, die für sich schon eine große Anforderung darstellt, kommen unzählige Freizeittermine am Nachmittag. Diese dienen nicht immer der Entspannung, sondern sind oft auch mit einer Leistungserwartung verknüpft. Die Kinder sollen in der Musikschule ein Instrument lernen, im Sport möglichst Turniere gewinnen, in der Schauspielgruppe eine Hauptrolle spielen und nebenbei im Volkshochschulkurs ihre Fremdsprache etwas aufpolieren.

Packen Sie den Alltag Ihrer Kinder nicht allzu voll. Wenn keine Zeit zum Träumen und Trödeln, zum Bolzen und Toben bleibt, fehlt der notwendige Ausgleich.

Trotz der nachmittäglichen Zusatztermine müssen die Hausaufgaben erledigt und anstehende Klassenarbeiten vorbereitet werden. Verständlich, dass manche Kinder mit diesen vielfältigen Anforderungen nicht mehr richtig zur Ruhe kommen. Sie stehen während der Schulzeit unter dem Druck, noch etwas vorzuhaben, noch etwas erledigen zu müssen. Tagträumereien, spontane Verabredungen oder gemütliche Lesestunden sind bei solchen vollen

Tipp

Wenn die Prüfungsangst bei Ihrem Kind von erheblichen körperlichen Beschwerden begleitet wird, sollte natürlich auf jeden Fall geklärt werden, ob diese auf eine Erkrankung zurückgehen. Wenn der Arzt hier „Entwarnung" gibt, können Sie sich guten Gewissens auf die im Folgenden vorgestellten Entspannungstechniken oder die daran anschließenden Tricks stützen.

Programmen oft gar nicht mehr möglich.

Obwohl das Kind selbst seinen Alltag nicht als belastend bezeichnen würde, können zu viele Aufgaben und Termine doch verhindern, dass es sich zwischendurch richtig und gut entspannt. Entspannungstechniken sind eine Möglichkeit, innere Ruhe und Ausgeglichenheit zu trainieren. Ohne Freiräume, die den Kindern Zeit für entspanntes und ungezwungenes Spielen gewähren, werden diese Übungen jedoch nur am Rande helfen.

Entspannungstechniken sind auch bei Kindern schon sehr hilfreich. Allerdings gilt für alle Vorschläge, dass sie eine Weile eingeübt werden müssen. Ein Verhalten, das sich über einen längeren Zeitraum eingeschlichen hat, legt man nicht von heute auf morgen wieder ab.

Hüpfen, Tanzen, Springen

Der schnellste und effektivste Abbau von Spannungen wird durch Bewegen erreicht. Ein unruhiges, zappeliges Kind beruhigt man am besten, wenn es eine Weile herumspringen oder toben darf.

Kinder und Jugendliche brauchen viel Bewegung.

Bei Erwachsenen ist bewiesen, dass regelmäßiges Lauftraining oder Sport nicht nur gesund ist, sondern entspannt und die Psyche stärkt. Das liegt unter anderem an dem schnellen Abbau aufgestauter Energien und der wohligen Entspannung nach körperlicher Anstrengung. Außerdem spielt eine Rolle, dass man etwas getan hat, was man sich vorgenommen hatte, dass also ein Plan erfüllt wird. Das macht zufrieden.

Auch im Tagesablauf eines Kindes sollten Entspannungsphasen durch Bewegung vorkommen. Ununterbrochenes Sitzen vor Büchern, Fernsehen und Computer bedeutet für den Körper Stress, weil er nicht ausgeglichen belastet wird.

Diese Methode ist natürlich nur langfristig sinnvoll und nützlich, ein Kind kann sich schließlich nicht während der Klassenarbeit zum Joggen verabschieden. Aber auch wenn es in der Prüfungssituation selbst nicht möglich ist, den Bewegungsdrang auszuleben – hier liegt sicher einer der entscheidenden Ansatzpunkte, damit Kinder und Jugendliche langfristig ausgeglichen und zufrieden sind.

Atemtechniken

Atemtechniken bieten eine gute Möglichkeit, leise und unauffällig gegen Angst anzugehen. Es gibt Atemtherapeuten, die diese Techniken vermitteln. Vielleicht finden Sie auch entsprechende Kurse an der örtlichen Volkshochschule. Auch hier stellt sich die gewünschte Wirkung zuverlässig nur über einen längeren Zeitraum ein. Die Techniken müssen monatelang täglich geübt werden, damit sie in der angstbesetzten Situation greifen, aber dann können sie sehr gut helfen.

Erkundigen Sie sich bei Volkshochschulen oder Familienbildungsstätten nach Entspannungsangeboten für Kinder und Jugendliche.

Progressive Muskelentspannung

Durch gezielte Muskelentspannung kann man sich entspannen und damit auch seine Angst vermindern. Gleichzeitige Spannung und Entspannung der Muskeln sind nicht möglich. Das macht sich die Progressive Muskelentspannung zunutze, eine weit verbreitete Technik, mit der nicht nur Schüler und Schülerinnen gute Erfahrungen machen. Auch diese Methode muss über einen längeren Zeitraum nahezu täglich eingeübt werden, um in der konkreten Prüfungssituation die erwünschte Reaktion zu erzielen.

Die bewusste Anspannung eines Muskels macht den Spannungszustand fühlbar, das Lockerlassen führt sofort zu einer beruhigenden Entspannung, die ebenfalls bewusst erlebt wird. Es sind Übungen, die man nahezu überall ausführen kann. Bei regelmäßiger Anwendung bewirkt schon das Ballen und anschließende Loslassen einer Faust das angenehme Gefühl der Entspannung. Volkshochschulen und andere Bildungswerke bieten entsprechende Kurse an. Die Checkliste auf Seite 35 stellt Ihnen Entspannungsübungen vor.

Yoga

Gut gelingt die Entspannung bei Heranwachsenden auch mit erprobten Techniken wie etwa dem Yoga. Yoga kommt ursprünglich aus Indien und ist eigentlich viel mehr als eine Entspannungstechnik, eher ein umfassendes und Jahrtausende altes System der Welterklärung. Es legt den Schwerpunkt auf Konzentration, und auch die verschiedenen Körperübungen sollen vor allem den Geist von überflüssigen Gedanken befreien.

In Europa findet man meistens das klassische Hatha-Yoga, das vermutlich „erst" im Mittelalter entstanden ist, jedenfalls viel später als das Yoga selbst. Viele verschiedene Bewegungsfolgen und Haltungen helfen dem Übenden, sich selbst zu beobachten und seine Empfindungen zu akzeptieren – eine wichtige Voraussetzung, um ruhig und gelassen mit Fehlschlägen umzugehen! Lassen Sie sich nicht von den zum Teil hochkomplizierten und merkwürdig anmutenden, sehr schweren Übungen abschrecken – es gibt auch ganz einfache, fast selbstverständlich wirkende und angenehme. Weiterer Vorteil: Es werden spezielle Programme für Kinder und Jugendliche von Yoga-Instituten oder in der Volkshochschule angeboten.

Hohe körperliche Anspannung, wie sie bei Prüfungsangst auftritt, kann durch regelmäßige Anwendung von Entspannungstechniken gelöst werden. Ein entspannter Mensch hat weniger Angst.

Entspannungsübung vor der Klassenarbeit

Trainieren Sie mit Ihrem Kind, sich vor Arbeiten zu entspannen. Gehen Sie den nachfolgenden Text mit ihm durch und ermutigen Sie es, ihn sich zu eigen zu machen:

Bevor ich mit dem Üben für eine Arbeit oder einen Test beginne, versuche ich immer, mich erst einmal zu entspannen. Nur wenn mein Kopf leer ist und mein Herz ruhig schlägt, kann ich mich wirklich gut konzentrieren. Ich kann meine Lieblingsübung im Sitzen oder im Liegen anwenden, das ist gleichgültig. Dabei atme ich tief ein und schicke meinen Atem bewusst beim Ausatmen bis ganz hinunter in meine Fußspitzen. Dann atme ich wieder ein, und beim nächsten Ausatmen leite ich die Luft in meine Waden. Dann in die Knie, den Po, den Bauch, den Brustkorb, meine Oberarme, meine Unterarme, meine Hände und zuletzt atme ich die Luft fest in meinen Kopf. Während des Atmens werde ich immer ruhiger, mein Herzschlag verlangsamt sich und mein Kopf wird ganz frei. Ich versuche an nichts außer meine Atemzüge zu denken. Auch nicht an die Arbeit, nicht an meine Angst davor oder vor den Folgen.

Diese Übung wende ich auch direkt vor oder während Klassenarbeiten an, wenn ich merke, dass ich in Panik gerate. Das geht inzwischen fast automatisch, denn ich trainiere diese Technik ja sozusagen täglich. Das Beste ist, dass niemand merkt, was ich da tue.

Übung zur Entspannung

Setze dich bequem auf einen Stuhl und schließe deine Augen. Versuche ruhig und entspannt zu atmen.

Faust

Balle deine rechte Hand kräftig zur Faust, zähle langsam bis zehn und entspanne sie dann. Fühlst du die Wärme und das Kribbeln?

Mache das Gleiche nun mit deiner linken Hand und spüre dem Kribbeln nach.

Schulter

Ziehe deine Schultern hoch und halte die Spannung, während du langsam bis zehn zählst. Lasse sie dann locker fallen und genieße das entspannte Gefühl.

Kopf

Drücke dein Kinn fest auf deine Brust und zähle bis zehn. Lasse den Kopf dann in eine angenehme Position zurückkehren und entspanne dich.

Bauch

Ziehe deinen Bauch kräftig ein und zähle bis zehn. Lass den Bauch dann wieder locker und entspanne dich.

Beine

Strecke das rechte Bein kräftig von dir und ziehe die Zehen in Richtung deines Bauches. Zähle langsam bis zehn und spüre das Ziehen in deinen Waden. Lass nun wieder locker und wiederhole die Übung mit dem linken Bein.

> **Tipp**
>
> Eine Entspannungsübung muss regelmäßig trainiert werden, damit sie in der kritischen Prüfungssituation anwendbar ist. Erst ein sozusagen automatisch entstehender Entspannungszustand hilft, ruhig zu werden und sich wieder auf die Klassenarbeit zu konzentrieren.

Autogenes Training

Ohne den welterklärenden Überbau kommt das autogene Training aus, das 1920 von einem Arzt entwickelt wurde. Es ist eine Methode zur Selbstentspannung durch Konzentration und besteht aus genau sechs Übungen. Die Technik ist leicht zu lernen und für Kinder und Jugendliche gut geeignet. Sie sollte allerdings von einem erfahrenen Lehrer vermittelt werden. Ziele des autogenen Trainings sind die Entspannung, der Abbau von Nervosität und dadurch eine Leistungssteigerung, die Zunahme der Konzentrationsfähigkeit sowie die Steigerung der körperlichen Abwehrkräfte.

Welche Entspannungstechnik für den Einzelnen am wirksamsten ist, muss jeder selbst ausprobieren.

Sie finden viele gute Bücher auf dem Markt, auch solche, welche die verschiedenen Möglichkeiten der Entspannung auf kindgerechte Art und Weise vorstellen. Bei jüngeren Schülern ist es jedoch unabdingbar, dass sie die Übungen mit einem Erwachsenen einüben, bis sie korrekt beherrscht werden.

Wichtig ist, regelmäßig zu üben, da das Entspannen sonst in der kritischen Phase vor oder während einer Prüfung nicht funktioniert. In Zuständen von großer Angst oder Panik können nur Verhaltensweisen abgerufen werden, die weitgehend automatisiert sind.

Das Mantra

In angstbesetzten Situationen kommen die Angst machenden Gedanken leider oft wie von selbst. Es ist außerordentlich schwer, sie abzustellen oder einfach an etwas Schönes, Unbelastetes zu denken, wenn man verspannt und aufgeregt ist. Die Angst vor der Prüfung, dem Test oder der Klassenarbeit lässt sich nicht so einfach beiseite schieben.

Neben den verschiedenen Möglichkeiten, den Kopf über körperliche Entspannungstechniken freizubekommen, kann man es auch direkt mit Meditation versuchen. Hier bietet sich vor allem das Mantra-Aufsagen an, um störende Gedanken vollkommen auszuschalten und den Kopf zu leeren. Auch für Prüfungen hat sich diese Technik schon vielfach bewährt. Das innere Sprechen eines immer gleich bleibenden Wortgebildes verhindert die Gedanken an andere Inhalte. Für die drängende und quälende Angst vor der Prüfung bleibt kein Platz. Bekannte Mantren sind die Wortfolge „o mani pathma hum" oder das leise gebrummte „Omm", die jeweils rhythmisch bei jedem Atemzug gemurmelt oder auch nur gedacht werden. Für Kinder ist es vielleicht einfacher, im Rhythmus des eigenen Atems „Einatmen" und „Ausatmen" zu denken.

Ein Mantra hilft, den Kopf zu leeren und störende Angstgedanken nicht zuzulassen.

Positiv denken

Für den Abbau von Prüfungsangst sind ein gesundes Selbstbewusstsein und eine positive Einstellung zu den eigenen Leistungsmöglichkeiten von zentraler Bedeutung. Denkt ein Kind ständig, dass es die geforderten Leistungen sowieso nicht erbringen kann, dann programmiert es sich selbst unweigerlich auf dieses gefürchtete Versagen hin. Hier greift das Phänomen der sich selbst erfüllenden Prophezeiung – das gefürchtete Ereignis trifft ein, nicht zuletzt deswegen, weil man es genauso erwartet hat. Eine positive Ausrichtung ist also auf jeden Fall sinnvoller, als sich immer das Schlimmste vor Augen zu halten.

Anker auswerfen

Eine Übung aus dem NLP (die Abkürzung steht für Neuro-Linguistisches Programmieren) nennt sich „Ankern" und ist einfach zu erlernen. Vom Erwachsenen wird das Kind ermutigt, sich an eine oder mehrere wunderschöne Situationen aus seinem Leben zu erinnern. Das kann das Glücksgefühl sein, das ein tolles Geburts-

tagsgeschenk ausgelöst hat, der Tag, an dem der neue Hund einge-
zogen ist, das letzte Weihnachten oder der unerwartete Sieg bei einem sportlichen Turnier.

Beim „Ankern" wird ein überaus positives Gefühl mit einer bestimmten kleinen Bewegung verknüpft.

Jedes Mal, wenn das Kind sich das Glücksgefühl intensiv vorstellt, soll es dieses mit einer bestimmten Bewegung verbinden. Zum Beispiel kann dies das Zu-
sammendrücken von Zeigefinger und Daumen sein,
der Druck des rechten Daumens in die Fläche der linken Hand oder das Kreuzen von zwei Fingern. Das
Glücksgefühl wird sozusagen in dieser bestimmten Bewegung ver-
ankert. Mit ein wenig Übung wird die unscheinbare Geste dann
auch ohne die ausdrückliche Vergegenwärtigung der positiven Gedanken das Glücksgefühl auslösen.

Gerade in einer als schlimm empfundenen Prüfung können Kinder damit eine Insel des Wohlbefindens retten und über die Erinnerung an das Glücksgefühl mit der Angst zurechtkommen. In der
Regel wird diese Methode allein nicht ausreichen, um starke Prüfungsangst zu bekämpfen. Als Verstärkung oder Unterstützung
anderer Methoden kann das „Ankern" aber einiges zu einer ent-
spannteren und ruhigeren Arbeitshaltung beitragen.

Erfolg macht stark

Sandra hat bei einem Psychologen die Methode des Ankerns gelernt, um sich in Angst erzeugenden Situationen nicht ausgeliefert
zu fühlen. Die 15-Jährige litt unter starker Prüfungsangst und such-

Ein Talisman ▶ gibt Sicherheit.

te mit ihren Eltern eine Möglichkeit, diese Angst zu verlieren. Alle Versuche ihrer Eltern, der Tochter die Angst zu nehmen, scheiterten, so dass die Familie schließlich einen Psychologen aufsuchte. Neben der Stärkung von

Tipp

Erkundigen Sie sich vor Ort nach Kursen, in denen Kinder und Jugendliche Entspannungstechniken erlernen können. Neben den Volkshochschulen bieten Einrichtungen der Kinder- und Jugendhilfe solche Kurse an.

Sandras Selbstbewusstsein durch regelmäßige Gespräche vertraute dieser auf die Methode des NLP und übte mit ihr das Ankern. Sandra reagierte sofort positiv und mochte diese Technik sehr. Sie verknüpfte das Glücksgefühl ihrer ersten bestandenen Reitprüfung mit dem Überkreuzen von Zeige- und Mittelfinger der linken Hand. Nachdem diese Verankerung sicher war, wendete sie die Methode in einer Arbeit an und war von der Wirkung beeindruckt. Das Kreuzen der Finger beruhigte sie und half ihr, die Fragen der Arbeit zu beantworten. Seit dieser positiven Erfahrung nutzt Sandra das Ankern nun regelmäßig bei Klassenarbeiten.

NLP – Neurolinguistisches Programmieren – ist eine bewährte Methode zur Steuerung des eigenen Verhaltens.

Das Gedächtnis als Schatztruhe

Hilfreich ist es für ein unter Prüfungsangst leidendes Kind auch, sich frühere Erfolge ins Bewusstsein zu rufen. Kein Schüler, keine Schülerin hat nur Misserfolge. Es gibt immer Schulfächer, in denen positive Rückmeldungen von den Lehrkräften kommen. Diese positiven Erfahrungen können in der Vorbereitungsphase und in der Prüfungssituation helfen, sich sicherer und stärker zu fühlen. Es wäre fatal, während einer Klassenarbeit nur daran zu denken, dass diese Arbeit sicher wieder ein Reinfall wird. Die Kinder müssen lernen, jede Prüfung als einen neuen Anfang zu verstehen, der voller Chancen steckt. Die Erinnerung an eine gelungene Arbeit kann dabei helfen, die Angst zu besiegen und sich voller Aufmerksamkeit der geforderten Leistung zu stellen. Mit positiven Gedanken kann man sich über Ängste hinwegsetzen, positive Einstellungen ziehen positive Ereignisse nach sich.

Talisman und Glücksbringer

Der amerikanische Kinderarzt und -psychiater Jeffrey L. Brown hat eine Methode mit der etwas sperrigen Bezeichnung „Imaginationstraining" entwickelt. Er will die unbegrenzte Fantasie der Kinder nutzen, damit sie lernen, ihre Ängste zu beherrschen. Angst vor Prüfungen besteht seiner Meinung nach hauptsächlich darin, dass man das Gefühl hat, die Kontrolle über die Situation zu verlieren. Deswegen konzentriert sich seine Methode darauf, den Kindern und Jugendlichen die Macht über ihre Handlungen zurückzugeben.

Kleine, geheimnisvolle Rituale machen aus einem unscheinbaren Bleistift einen Talisman.

Brown rät, den Kindern einen Talisman als Kraftspender zu geben, zum Beispiel einen Stein, einen Stift, ein Kuscheltier, mit dessen Hilfe die angstbesetzte Situation auf jeden Fall bewältigt werden kann. Dieser Talisman wird durch ein einfaches, aber wirkungsvolles Ritual verzaubert. Mit einem Glücksbringer in der Hosentasche helfen sich nicht nur Kinder. Auch viele Erwachsene halten sich in Prüfungssituationen zum Beispiel krampfhaft an einem Kuscheltier fest. Das kann man in jeder beliebigen Quizsendung beobachten: Kaum ein Kandidat betritt ohne Talisman das Podium. Ein besonderer Stein liegt eine Vollmondnacht lang auf dem Fensterbrett, ein Stift wird besprochen – denken Sie sich ein kleines Ritual aus, dass Ihnen persönlich entspricht und das Sie glaubwürdig ausführen können. Ihr Kind muss Ihnen abnehmen, dass der Zauber wirkt und auch Ihnen bereits sehr geholfen hat. Dann wächst ihm in der akuten Prüfungssituation das Gefühl der Unterstützung zu, wenn es seinen Talisman berührt – nicht zuletzt, weil es eine Verbindung zu den Eltern und sich nicht mehr so hilflos ausgeliefert fühlt. Ohne eine gute Vorbereitung auf den Lernstoff der Arbeit ist aber selbst das überzeugendste Ritual unwirksam.

Kleine Tricks für Angsthasen

Manchmal reicht schon ein bisschen Zuspruch, um das Vertrauen von Sohn oder Tochter in die eigenen Fähigkeiten zu stärken. Die Tricks und Tipps im nächsten Kasten haben schon vielen Schülern die ganz große Angst genommen, so dass sie sich langsam von Arbeit zu Arbeit wieder mehr zugetraut haben.

Tricks für die Prüfung

- Gönne dir eine kleine Belohnung nach jeder erfolgreichen Lerneinheit, du hast es dir verdient!

- Dieser Zauberstift hilft dir, in der Prüfung fehlerfrei zu schreiben.

- Denk an Peter (Susanne ...), der (die) hat keine Probleme mit den Aufgaben. Stell dir vor, er (sie) schickt dir Hilfe durch Gedankenübertragung.

- Hast du Angst vor dem Lehrer, stell dir vor, wie seine Mutter mit ihm schimpft. Er ist auch ein Kind.

- Versuche in der Arbeit nur mit den Mitschülern Blickkontakt aufzunehmen, die keine Angst haben.

- Nimm dir fest vor, die ersten fünf Minuten nichts zu schreiben, sondern nur die Aufgaben durchzulesen und ruhig ein- und auszuatmen.

- Stell dir vor, wie nach einer ersten Schrecksekunde deine beiden Gehirnhälften Informationen austauschen und die Nervenenden langsam zu schwingen beginnen.

- Zieh am Tag der Arbeit oder auch schon beim Lernen etwas an, in dem du dich sehr wohl fühlst.

- Stell dir vor, wie die Angst dich am Anfang der Prüfung besucht und „Hallo" sagt. Schüttle ihr die Hand. Schick sie dann weg, denn du hast gerade etwas anderes zu tun.

- Nutze eine Entspannungsübung. Du hast genug Zeit und wirst dann besser denken können.

So unterstützen Sie
Ihr Kind richtig

Mütter und Väter können ihren Kindern helfen, sich auf eine Klassenarbeit vorzubereiten und die Angst zu reduzieren. Das klappt aber nur, wenn einige grundlegende Dinge beachtet werden. Sonst erreicht man unter Umständen das Gegenteil der erwünschten Wirkung.

Fragen Sie Ihr Kind, wie Sie ihm helfen können. Ohne das Einverständnis des Kindes geht gar nichts. Eltern und Kinder müssen ihre Rollen in dem Lernprogramm genau festlegen und einhalten. Gemeinsames Vorbereiten soll das Kind stärken und nicht noch stärker unter Druck setzen. Es geht dabei also um eine Unterstützung, um die Anforderungen der Schule besser zu erfüllen. Es geht nicht darum, Notenwünsche der Eltern zu erfüllen.

Die Eltern als Coach

Schlüpfen Sie in die Rolle des Trainers oder Coachs, der mit Geschick, Lob und Einfallsreichtum die besten Eigenschaften aus „seinen" Spielern herauslockt und die vorhandenen Ressourcen optimal fördern will. Lernen und die Arbeiten schreiben muss das Kind oder der Jugendliche selbst. Alle Hilfe kann nur den Sinn haben, für diese Aufgabe zu stärken und vorzubereiten. Wie ein Basketballtrainer können auch Eltern nicht selbst den Ball in den Korb werfen, sondern üben mit der Mannschaft, in den richtigen Momenten zu treffen. Und diese richtigen Momente sind im Falle der Prüfungsangst nun mal die Klassenarbeiten.

Wenn allerdings ein Ball und auch der zweite und dritte und vierte Versuch danebengeht, ist das kein Beinbruch. Das Talent, in das man viele Jahre seines Lebens mit Liebe und Kraft investiert hat, verdient noch eine und noch eine und noch eine Chance. Ein Trainer sollte immer an seine Spieler glauben.

Unbewusste Botschaften aufdecken

Leider sind Eltern mitunter nicht ganz unschuldig am Prüfungskummer ihrer Kinder. Natürlich schürt niemand bewusst die Angst vor dem Versagen. Aber man steckt zu sehr in der eigenen Haut und vermittelt unter Umständen unbewusst Botschaften, die dem Kind seine Gelassenheit rauben.

Verstärken Sie die positiven Kräfte Ihres Kindes.

Wir sind so stolz auf dich!

Stefan ist 14 Jahre alt und besucht die achte Klasse einer Realschule. Er kommt aus einer einfachen Familie, seine Eltern haben beide den Hauptschulabschluss, sein Vater arbeitet als Maler, seine Mutter verdient durch Putzen ab und zu etwas hinzu. Auch die ältere Schwester von Stefan hat die Hauptschule besucht und macht nun eine Ausbildung zur Friseurin.

Dass Stefan es bis zur Realschule geschafft hat, bedeutet etwas Besonderes in dieser Familie. Alle sind unheimlich stolz auf den Sohn, und dessen beruflicher Werdegang wird gerne und oft thematisiert.

Doch je näher der Schulabschluss rückt, desto mehr Versagensängste entwickelt Stefan. Seine vorher recht stabilen Leistungen sinken in allen Fächern dramatisch ab. Stefans Eltern können es nicht fassen, sie sehen alle ihre Hoffnungen schwinden. Stefan ist dem familiären Druck, den sehr hohen Erwartungen an ihn, einfach nicht gewachsen. Er kann in der Schule kaum noch richtig aufpassen und leidet unter Magenkrämpfen und Appetitlosigkeit. Seine Angst schnürt ihm die Luft ab und führt zu einer Lernblockade, die Noten werden immer schlechter und er schafft die achte Klasse nur knapp. Stefan sieht dem nächsten Schuljahr mit großer Angst entgegen.

Der Grat zwischen notwendiger Strenge und Überforderung ist schmal. Und selbst ermunternd gemeinte Äußerungen wie „Unser Kind soll einmal studieren!" und „Wir sind so stolz, dass du es so weit geschafft hast!" können ein Kind stark unter Druck setzen. Es ist nicht einfach, eigene Wünsche und Ziele von dem zu trennen, was für das eigene Kind tatsächlich das Beste wäre. Kinder sind ja immer auch Hoffnungsträger und man will nur das Beste für sie.

Eltern sein heißt immer wieder, einen Balance-akt bewältigen zu müssen.

Aber wenn man nicht aufpasst, haben sich ruck zuck Erwartungen eingeschlichen, die völlig unrealistisch sind und dem Kind nicht mehr gerecht werden. Eltern haben so wenig wie andere Menschen ständig ihre Gefühle unter Kontrolle. Und natürlich findet man es überhaupt nicht toll, wenn die Tochter mit der dritten Fünf in Folge nach Hause kommt. Ein enttäuschtes Gesicht des Vaters oder der Mutter bei einer schlechten Note oder eine gedrückte Stimmung kann bei sensiblen Kindern Schuldgefühle auslösen. Ob die Reaktion auf miserable Zensuren nun offensiv ausfällt, etwa durch Strafaktionen wie Standpauke oder Taschengeldkürzung, oder eher aus unterschwelligen Andeutungen besteht – das Signal: „Du hast mich enttäuscht!" setzt das Kind unter massiven Erfolgsdruck. Auch Ängste der Eltern können für deren Nachwuchs bedrohliche Ausmaße annehmen. Bei so manchem Sohn und so mancher Tochter stellt sich jedenfalls nach genauer Analyse heraus, dass nicht der Druck in der Schule, sondern vielmehr der Ehrgeiz in der Familie zu hoch ist.

Beste Startchancen

Die 13-jährige Tanja ist ein Einzelkind. Ihr Wohl liegt den Eltern sehr am Herzen. Tanjas Vater ist gelernter Informatiker und schon seit einiger Zeit arbeitslos. Ohne den Verdienst von Tanjas Mutter sähe es bitter aus, das Arbeitslosengeld könnte die Familie kaum ernähren. Die beruflichen Sorgen des Vaters werden in der Familie sehr oft diskutiert. Seine größte Angst ist es, dass Tanja einmal das gleiche Schicksal ereilen könnte. Deshalb kümmert er sich intensiv um ihre Schulausbildung und plant bereits ihren beruflichen Weg. Seiner Ansicht nach ist ein Überleben in der harten Arbeitswelt nur mit einer flexiblen, doppelt abgesicherten Ausbildung möglich. Tanja soll Abitur machen, danach eine kauf-männische Lehre und anschließend noch studieren. Tanja hat bisher alle Erwartungen erfüllt. Doch mit der Zeit belasten sie die hohen Ziele, die ihr Vater für sie ge-steckt hat. Sie weiß noch nicht genau, was sie selbst will,

Die Ziele der Eltern entsprechen nicht immer den Wünschen der Kinder.

aber sie spürt, dass ihre Wünsche in eine ganz andere Richtung ge-hen. Aber schon um ihre Eltern nicht zu enttäuschen, will sie den eingeschlagenen Weg fortführen. Außerdem glaubt sie inzwischen selbst daran, dass dies der einzig richtige Weg ist, um im Berufsle-ben erfolgreich sein zu können.

Doch ohne Ausweichmöglichkeiten und Alternativen macht ihr der vorgeschriebene Weg zunehmend Angst. Was, wenn sie die notwendigen Noten nicht erreicht? Diese Sorge besetzt zuneh-mend ihre Gedanken. Sie kann sich nicht mehr auf das Heute, nämlich das alltägliche Lernen für die Schule, konzentrieren. Das Morgen, das befürchtete Versagen im Berufsleben, drängt sich in den Vordergrund. Tanjas Noten werden schlechter, und je mehr der Vater sich engagiert, um ihre Schwächen aufzufangen, desto schlimmer wird es.

Es ist oft gar nicht so leicht, solche Verhaltensmuster bei sich selbst zu sehen, es sich einzugestehen und dann auch noch zu ändern.

Wichtig ist eine Unterstützung, die dem Kind hilft, die Anforderungen der Schule besser zu erfüllen. Es geht nicht darum, Notenwünsche der Eltern zu erfüllen.

Der Einfluss der Schule endet ja nicht am Schultor, er ist in jeder Familie spürbar und lastet auf Eltern und Kindern, sobald die Noten schlechter werden. Und den wenigsten Eltern gelingt es, schulische Misserfolge auf der emotionalen Ebene mit ihrem Kind zu ignorieren. Bei dauerhaft schlechten Noten drohen aus der Ferne Nichtversetzung oder Schulwechsel. Dieser Druck prallt auf die Eltern, die ihn dann an ihr Kind weitergeben. Es gehört viel Selbstbewusstsein dazu, eine Flut von schlechten Noten bei seinem geliebten Kind auszuhalten, ohne in eine Vorwurfshaltung zu geraten.

Kinder übernehmen oft unbewusst die Einstellung ihrer Eltern.

Das Kind wiederum möchte es seinen Eltern natürlich recht machen und leidet unter dem Erwartungsdruck. Wenn Ihr Kind Prüfungsangst hat, sollten Sie überprüfen, ob Sie es nicht unbewusst mit Erwartungen überschütten, denen es nicht gewachsen ist. Beantworten Sie für sich ganz ehrlich folgende Fragen:

- Reagieren Sie bei der Note Vier schon mit einem unguten Gefühl?
- Können Sie bei den Noten Fünf oder Sechs noch lobende Worte gegenüber Ihrem Kind finden?
- Machen Sie Ihrem Kind Vorhaltungen wie „Du hättest besser lernen müssen!" oder „Die nächste Arbeit muss aber wieder besser werden!"?
- Fehlt Ihnen bei einer schlechten Arbeit die Gelassenheit, auf gut gelöste Aufgaben lobend hinzuweisen?
- Wäre eine Klassenwiederholung Ihres Kindes für Sie beängstigend oder peinlich?
- Würden Sie unter einem Schulwechsel Ihres Kindes leiden, etwa beim Wechsel vom Gymnasium auf die Realschule?
- Reagieren Sie bei einer schlechten Note ärgerlich oder enttäuscht?
- Vergleichen Sie die Leistungen Ihres Kindes mit denen seiner Freunde oder Geschwister?
- Belohnen Sie gute Noten mit Geld oder anderem und schlechte Noten gar nicht?

Wenn Sie viele der Fragen mit „Ja" beantwortet haben, dann sollten Sie Ihre Haltung bezüglich der Wertigkeit von Noten und schulischen Leistungen überprüfen. Denn solange Ihr Kind Ihre eigenen Versagensängste spürt oder merkt, dass der Erfolg einer Prüfung Einfluss auf die Beachtung hat, die Sie ihm schenken, solange werden Sie keine Veränderung der Prüfungsangst erreichen können.

Leiden Eltern unter Angst vor Prüfungen, so vermitteln sie auch ihrem Nachwuchs schon sehr früh die Bedrohlichkeit dieser besonderen Situationen. Geben Sie sich also entspannt, dann kann Ihr Kind vielleicht auch ein wenig „loslassen".

Mangelndes Selbstvertrauen ist eine der Hauptursachen für Prüfungsangst. In psychologischen Beratungen oder Therapien wird in erster Linie am Aufbau eines gesunden Selbstvertrauens gearbeitet.

Selbstbewusstsein stärken

Ohne ein gesundes und intaktes Selbstbewusstsein wird es schwer, den Teufelskreis von Prüfungsangst und Vorbereitungsstress zu durchbrechen. Psychologen arbeiten mit prüfungsängstlichen Menschen immer auch an einer Stärkung des Selbstbewusstseins.

Doch auch Eltern können viel tun, um ihr Kind zu stärken und seinen Glauben an sich und seine Fähigkeiten zu fördern. Selbstbewusstsein entsteht nicht erst durch gute Noten oder schulische Erfolge. Viel früher, nämlich mit den ersten erfolgreichen Handlungen eines Säuglings und Kleinkindes und mit dem Bewusstsein, geliebt und umsorgt zu werden, wird der Grundstein für ein kräftiges und gesundes Selbstbewusstsein gelegt. Selbstvertrauen entsteht, wenn ein Kind seine Grenzen austestet und immer wieder mal erlebt, dass es Dinge erreicht, die es vorher noch nicht geschafft hat, ja die ihm sogar echte Schwierigkeiten bereitet haben. Krabbeln, Laufen, Sprechen, sportliche Erfolge, Lesen, Schreiben, Rechnen und viele unspektakuläre Entwicklungsschritte, die von den Bezugspersonen ausgiebig gelobt und beklatscht werden, ge-

Lassen Sie Ihr Kind immer spüren, dass Sie es nicht wegen seiner Noten, sondern wegen seiner Einzigartigkeit lieben.

ben dem Kind das Gefühl, etwas erreicht zu haben. Und sein Selbstvertrauen wächst jedes Mal ein wenig.

Gute Noten sind nicht alles

Mit dem Eintreten in die Welt der Leistungsanforderungen, zu der auch die Schule zählt, konzentrieren sich oft alle Reaktionen der kindlichen Umgebung ganz einseitig auf die schulischen Erfolge. Die guten Noten werden zum Maß aller Dinge und das Kind beginnt, sein Selbstvertrauen an diese Beurteilungen zu knüpfen. Wenn sich hier nun Probleme zeigen, wird das Selbstvertrauen auf eine harte Probe gestellt. Und mit zunehmendem Alter steigen diese Anforderungen an. Deshalb sollten sich Eltern und Angehörige

Kinder können lernen, sich auch über kleine Erfolge zu freuen.

bemühen, den schulischen Bewertungen einen nicht so hohen Stellenwert zuzumessen. Natürlich sind Noten wichtig, aber sie sind nicht alles. Wer den Stellenwert von Noten überbetont, macht aus seinem Kind in erster Linie ein Schulkind und vergisst darüber die Leistungen auf anderen Gebieten. Schließlich ist das Kind auch Sohn oder Tochter, Sportler, Freundin oder Hundefan.

Für realistische Ziele sorgen

Aber nicht nur manche Eltern, auch viele Schülerinnen und Schüler setzen sich oft unrealistische Ziele. Wenn die letzten Arbeiten jeweils mit Fünf oder Sechs benotet wurden, steigt der Anspruch, die nächste Arbeit als Ausgleich mindestens mit einer Zwei zu schreiben. Diese hohe Erwartung ist so übertrieben, dass das Kind oder der Jugendliche unweigerlich scheitern muss. Gleichzeitig wird die Angst vor dem Versagen noch größer, denn von Arbeit zu

Arbeit hängt vom Ergebnis mehr ab. Eltern können hier viel tun, um diese große Hemmschwelle im Besiegen von Prüfungsängsten zu überwinden und unrealistische Erwartungen ihrer Kinder zu bremsen. Jede Verbesserung ist ein Erfolg und muss als solcher gelobt und anerkannt werden. .

Ein Abendessen für eine Vier

Raffael hatte sich in seine Angst vor Mathematik richtig hineingesteigert. Im Unterricht traute er sich nicht mehr aktiv mitzuarbeiten, aber er setzte alle seine Hoffnungen auf die Klassenarbeiten. Nachdem er zwei Arbeiten in den Sand gesetzt hatte, versprach er mir, mit der nächsten Arbeit die schlechten Noten mit einer Zwei wieder auszugleichen. Er setzte sich unheimlich unter Druck und rechnete zu Hause beim Lernen nur die schwierigen Aufgaben, damit er sie in der Arbeit lösen konnte. Die Grundlagen vernachlässigte er, und es wurde eine Vier minus. Er traute sich kaum, mir das Ergebnis zu zeigen, so enttäuscht war mein Sohn. Um ihm zu zeigen, dass auch ein kleiner Erfolg Grund zur Freude ist, lud ich ihn und seinen besten Freund zum Essen ein. Ich lobte sein engagiertes Lernen im Vorfeld der Arbeit und diskutierte später mit ihm, was er noch verbessern könne. Ganz langsam begann er, sich auch zu freuen, dass die Note keine Fünf geworden war. Nach unseren Gesprächen schraubte er seine Erwartungen an sich etwas zurück.

◀ Auch eine Belohnung für Erfolg: das Lieblingsessen.

Kinder brauchen Lob

Selbstbewusstsein braucht Nahrung, und diese Nahrung ist Lob, Liebe und Anerkennung. Versuchen Sie also täglich, Ihr Kind für echte Leistungen zu loben, auch oder gerade wenn diese mit der Schule nichts zu tun haben. Gelegenheiten gibt es bei Heranwachsenden, die sich ständig am Leben messen müssen, viele.
Sicher hat Ihr Kind auch schon

- regelmäßig im Haushalt geholfen,
- sehr diplomatisch einen Konflikt gelöst,
- aus eigenem Antrieb einem Nachbarn geholfen,
- Essen gekocht,
- dem Geschwisterkind beim Lernen geholfen,
- das Haustier gepflegt,
- den Rasen gemäht,
- eine Sportmedaille bekommen,
- ...

Es gibt in jedem Familienalltag und bei jedem Kind lobenswerte Situationen. Natürlich geht es nicht darum, zu übertreiben und sich etwas aus den Fingern zu saugen. Es ist im Gegenteil sehr wichtig zu entscheiden, ob ein Lob angemessen oder übertrieben ist, denn Heranwachsende haben feine Antennen und merken genau, wenn eine Taktik hinter dem Lob steht.
Ein echtes Lob freut jedoch jedes Kind und wertet es auf, auch wenn die freudige Reaktionen hinter pubertärem Grunzen versteckt wird oder einfach mit Schweigen kommentiert wird. Kinder und Jugendliche möchten ihren Eltern gefallen, sie leiden unter der Missachtung oder der Enttäuschung ihrer Eltern, wenn sie in der Schule nur schwache Leistungen erbringen.

> **Tipp**
>
> Schaffen Sie Situationen, die Ihrem Kind Erfolg versprechen. Übertragen Sie ihm kleine, eigene Aufgaben wie Plätzchen backen oder das Haustier versorgen, melden Sie es im Sportverein an, ermöglichen Sie ihm Musikunterricht oder spielen Sie Brettspiele, bei denen Ihr Kind gute Gewinnchancen hat.

Mutproben sind wichtig

Die meisten Menschen kennen das Glücksgefühl, sich einer schwierigen Situation gestellt und erfolgreich bewältigt zu haben. Das ist wie eine kleine Mutprobe, die für unser Selbstbewusstsein sehr kostbar ist. Nach dem ersten Erfolg folgt meist ein weiterer, denn nun trauen wir uns mehr zu und fühlen uns stark.

Kinder mit Prüfungsangst brauchen solche Mutproben im außerschulischen Bereich, um Vertrauen in ihre eigenen Fähigkeiten zu entwickeln. Es wäre falsch, dem ängstlichen Kind jede Aufgabe abzunehmen und es zu schonen. Gerade das enttäuschte, ängstliche, frustrierte und demotivierte Schulkind braucht Nahrung für sein wenig entwickeltes Ego.

Es ist eine Aufgabe von Eltern, Kindern Situationen auszusetzen, die sie mit ein wenig Überwindung bewältigen können. Erst dieses Gefühl, seine eigene Furchtsamkeit überwältigt zu haben, vermittelt das Gefühl der Selbstsicherheit. Und diese Sicherheit kann dann auch in die nächste Klassenarbeit mitgenommen werden.

Ein Kind muss lernen, auch mal über seinen eigenen Schatten zu springen.

Natürlich bieten sich sportliche Tätigkeiten an, um diese Erfolge zu erlangen. Es gibt zunehmend auch erlebnispädagogisch orientierte Angebote, die den Kindern und Jugendlichen einiges zumuten. Kletterkurse zum Beispiel sind eine außergewöhnliche Erfahrung, da sie die Teilnehmer nicht nur an ihre eigenen Grenzen bringen, sondern ihnen durch das gegenseitige Sichern des Seiles auch noch Verantwortung für andere abverlangt.

Das starke Gefühl, etwas in der Gruppe gut und verantwortlich geleistet zu haben, stärkt das Selbstbewusstsein und kann auch auf den schulischen Bereich übertragen werden.

Was kann schlimmstenfalls passieren?

Manchen Kindern hilft es, wenn die Katastrophe einmal ganz bis zu Ende gedacht wird. Ständig droht ein imaginäres Versagen, dessen wirkliche Konsequenzen sie aber niemals entdecken.

Manchen Eltern gibt die Angst ihrer Kinder ein Rätsel auf. Sie drohen nicht mit Strafen, üben keinen Druck aus und nehmen jede schlechte Note mit großem Verständnis auf. Trotzdem zeigt das Schulkind alle Symptome von Prüfungsangst, die sich offensichtlich auch noch verstärkt.

Dann kann es sehr hilfreich sein, das Versagen in der Schule gemeinsam bis in die letzte Einzelheit zu besprechen. Vielleicht offenbart sich dann der Grund für die Angst oder das Kind stellt fest, dass der Schul- oder Ausbildungswechsel oder eine Klassenwiederholung nicht die Katastrophe sind, die es sich vorgestellt hat.

Gerade in Deutschland gibt es zahlreiche Möglichkeiten, Schulabschlüsse nachzuholen.

Mit Beispielen aus dem Freundes- oder Bekanntenkreis können die Lebensläufe von so genannten Schulabbrechern angeschaut und diskutiert werden. Darunter wird es einige geben, die trotz dem Versagen in der Schule einen guten Beruf, ein erfülltes Leben oder Karriere auf recht unübliche Weise gemacht haben.

Suchen Sie mit Ihrem Kind Alternativen zu seiner derzeitigen Schulsituation und nehmen Sie sich Zeit, diese wirklich detailliert anzusehen. Das Wissen um andere Möglichkeiten befreit manche Kinder von dem Druck, in der Schule unbedingt erfolgreich sein zu müssen. Lassen Sie Ihr Kind spüren, dass niemand aus der Familie oder dem Freundeskreis es weniger lieb haben wird, wenn es schlechte Noten schreibt oder die Schule wechseln muss.

Zu guter Letzt:
Die Schulform gehört auf den Prüfstand

Manche Kinder benötigen besondere Unterstützung und einen pädagogischen Rahmen, der ihren persönlichen Fähigkeiten gerecht wird. Wenn Ihre Überlegungen bis hierher Sie vor die Frage stellen, ob die Schulform, die Ihr Kind besucht, wirklich die richtige ist und ob ein Wechsel vielleicht Entlastung bringen könnte, dann sollten Sie sich auch über alternative Schulmodelle informieren.

Was leisten alternative Schulformen?

Neben vielen einzelnen und sehr individuellen Privatschulangeboten zählen die Unterrichtskonzepte der Waldorfpädagogik und der Montessori-Pädagogik zu den bekanntesten und am häufigsten vorkommenden alternativen Schulformen.

Die Montessori-Pädagogik gibt es seit Anfang des letzten Jahrhunderts und sie ist in vielen Ländern der Welt in Kindergärten und Schulen vertreten. Als richtungsweisendes Prinzip orientiert sich in erster Linie am Kind und seinen Bedürfnissen. Montessori Pädagogen gehen davon aus, dass ein Kind selber am besten weiß, wann es welche Inhalte lernen will. Lehrer haben die Aufgabe, die Kinder zum selbstständigen Denken hinzuführen und beim Lösen von Problemen zu unterstützen.

Maria Montessoris Wahlspruch: „Hilf einem Kind, es selbst zu lernen."

Dementsprechend wählen die Kinder auch in der Schule weitgehend nach eigener Entscheidung, womit sie sich beschäftigen. Sie folgen damit ihrem natürlichen Lernbedürfnis. Im Unterschied zu Regelschulen macht die Freiarbeit an den Montessori Schulen bis zur Hälfte des gesamten Unterrichts aus.

Auch Waldorfschulen gibt es schon seit rund 90 Jahren in und das Lernsystem hat viele Vorteile. Alle Schüler und Schülerinnen durchlaufen ohne Sitzenbleiben und ohne Notengebung die Schule bis zum Ende der 12. Klasse. Dabei werden sie von einem Klassenlehrer durchgehend begleitet. Die besonders guten Schüler können sich dann zum Abitur anmelden. Die Waldorfpädagogen sehen ihre Aufgabe darin, die Unterrichtsinhalte und die Unterrichtsform auf die Prozesse kindlichen Lernens und die Stufen menschlicher Entfaltung in Kindheit und Jugend abzustimmen. Künstlerischer und handwerklicher Unterricht gehören ab der ersten Klasse zum Schulalltag, um die lebenspraktische Orientierung der Kinder zu fördern. Auf die Eigenaktivität der Kinder und auf eine intensive Mitarbeit der Eltern wird großer Wert gelegt.

Die richtige Vorbereitung

Prüfungsangst kann natürlich auch ihre Ursache in mangelhafter Vorbereitung und ungünstigen oder gar falschen Lerntechniken haben. Keinem Kind fällt das richtige Lernen einfach so in den Schoß. Es gibt unter Schülern und Schülerinnen immer einige, die von sich aus strukturiert und planvoll vorgehen und denen das Vorbereiten auf Klassenarbeiten keine Mühe bereitet. Die meisten Kinder und Jugendlichen müssen das richtige und durchdachte Lernen und Vorbereiten auf eine Prüfung aber erst lernen. Dabei kann ihnen die Schule, aber natürlich auch das Elternhaus gut helfen.

Rechtzeitig anfangen

Die Richtlinien schreiben fest, wann Klassenarbeiten anzukündigen sind.

Klassenarbeiten müssen eine Woche vor ihrem Termin angekündigt werden, so dass den Schülern genügend Zeit zur Vorbereitung zu Verfügung steht. Niemand wird von einem Prüfungstermin in letzter Minute überrascht. Diese Zeit müssen Sie und Ihr Kind sinn voll nutzen.

Anstatt das unliebsame Thema zu vermeiden und das Lernen auf den letzten Tag vor der Arbeit zu schieben, ist eine offensive Planung wichtig. Das Ziel solch einer Planung ist der Angstabbau beim Kind durch die Sicherheit: „Ich beherrsche den Stoff, ich bin gut vorbereitet!"

Leider ist es von der notwendigen Vorbereitung nur ein kleiner Schritt bis zur Überforderung, die wiederum zu wachsenden Angstgefühlen führen kann. Da hilft nur das Fingerspitzengefühl der

Eltern. Wenn das gemeinsame Lernen von Angst, Tränen oder Zorn begleitet wird, so wird sich an der Prüfungsangst des Kindes nichts ändern. In diesem Fall sollte eine andere Person die Aufgabe übernehmen, vielleicht jemand aus dem Freundeskreis oder möglicherweise ein Fachmann aus dem pädagogischen oder psychologischem Bereich.

Der Schreibtisch

Zu jeder Prüfung, zum Lernen von fachlichen Inhalten gehört ein strukturierter Arbeitsplatz. Kein Erwachsener und erst Recht kein Schulkind kann konzentriert und kontinuierlich lernen, wenn jedes Mal erst die dazugehörigen Unterlagen mühsam zusammengesucht werden müssen.

Ein fester, weitgehend ungestörter und großzügig bemessener Arbeitsplatz, der genügend Platz für Hefte und Bücher bietet, ist eine wichtige Voraussetzung für

Ganz wichtig: ein gut organisierter Arbeitsplatz.

den Prüfungserfolg. Das Lernen für Arbeiten sollte nach einem bestimmten System folgen, und die Ordnung auf dem Schreibtisch sollte dieses System unbedingt unterstützen.

Beispielsweise kann ein farbig abgesetztes Schubfachsystem dabei helfen, die benötigten Unterlagen nach Schulfach oder nach noch zu lernenden Inhalten zu sortieren.

Ein weiteres Fach wird als Ablage für die bereits gelernten Unterlagen genutzt. Das erleichtert den Überblick über das Pensum – auf den bereits bewältigten Stoff ebenso wie auf das, was noch gelernt werden muss.

Während der Vorberei-
tungszeit wird der eine
Stapel immer kleiner und
der andere immer größer.
Dies verdeutlicht sinnfäl-
lig den Lernfortschritt
und vermittelt die Sicherheit, etwas getan zu ha-
ben.

Den Überblick behalten

„Vor einer Arbeit habe ich immer ziemlich viel Angst, weil ich so
schnell den Überblick verliere, was ich schon kann und was ich
noch lernen muss. Bei meiner letzten Deutscharbeit haben meine
Mutter und ich dann mal ein neues System ausprobiert, das auch
ganz gut funktioniert hat. Zuerst haben wir sortiert, was in der Arbeit alles vorkommen wird – es ging um ein Buch, das wir im Unterricht gelesen und besprochen hatten. In die erste Ablage kam das
Buch und wir nannten sie ‚Inhaltsangabe'. In die zweite Ablage
kam ein Zettel mit dem Satz ‚Fragen zum Buch'. In die dritte Ablage dann ‚Sinn des Buches'. Am ersten Tag übten wir also die Inhaltsangabe, am zweiten besprachen wir Fragen zum Buch und am
dritten diskutierten wir über den Sinn hinter den Zeilen. Jeden Tag
legte ich die bereits bearbeiteten Fragen oder Arbeitsblätter in eine
vierte Ablage. Das gab mir ein gutes Gefühl, denn ich konnte sehen,
was ich schon gelernt hatte. Am letzten Tag wiederholte ich alles
aus der vierten Ablage. Die ganze Zeit wusste ich genau, was ich
schon konnte und was ich noch lernen musste. Ich konnte besser
schlafen und war nicht mehr so aufgeregt während der Arbeit."

Der Sechstageplan

Das Zeitfenster von einer Woche Ankündigungsfrist vor einer Klassenarbeit ermöglicht jedem Schüler, sich mit einem Sechstagesplan vorzubereiten. Er wird von Schulpsychologen empfohlen.

Der Sechstageplan	
1. Tag:	Bestandsaufnahme
2. Tag:	Lernen
3. Tag:	Lernen
4. Tag:	Lernen
5. Tag:	Wiederholen
6. Tag:	Kein Üben mehr
7. Tag:	Prüfung

Wie der Plan mit Lernstoff gefüllt wird, richtet sich danach, wie gut der Schüler oder die Schülerin das Thema oder den Stoff beherrscht. Der äußere Rahmen bleibt jedoch stets gleich, man beginnt immer sechs Tag vor einer Prüfung mit den Vorbereitungen. Dieses planvolle Arbeiten sollte mit der Zeit für die Kinder und Jugendlichen vor Klassenarbeiten ganz selbstverständlich werden. Kombiniert mit einem klaren Arbeitsplatz und mit einem guten Ordnungssystem können so im Vorfeld einer Arbeit schon viele Angst erzeugende Faktoren gemildert werden.

Erster Tag: Bestandsaufnahme

Der Sechstageplan beginnt mit einer Bestandsaufnahme der Arbeitsinhalte. Das Thema muss genau bestimmt und in Teilbereiche untergliedert werden, um Wissenslücken zu erkennen. Hier wird aber auch deutlich, was das Kind schon gut beherrscht, welche Fragen ihm keine Schwierigkeiten bereiten.

Begleiten Sie die Einführung des Sechstageplans und ziehen Sie sich konsequent zurück, sobald er gut bekannt ist.

Wenn Sie schon beim Erstellen des Planes merken, dass sich Ihr Kind beim Thema der Arbeit nicht ganz sicher ist, sollten Sie sich nicht scheuen, den Lehrer anzusprechen und nach den Inhalten zu fragen. Damit wird gewährleistet, dass die Vorbereitung sich auch wirklich auf das Arbeitsthema bezieht.

Zur Ausarbeitung der Bestandsaufnahme eignen sich zum Beispiel so genannte Mindmaps. Das sind Visualisierungshilfen für das Arbeiten und Lernen, die sich immer größerer Beliebtheit erfreuen.

Die Mindmap

Auf einem Blatt Papier wird in die Mitte ein Kreis mit dem Thema der Arbeit gemalt. Von diesem Kreis gehen nun verschieden viele Striche zu weiteren Kreisen aus, die das Thema inhaltlich aufgliedern. Auch von diesen Kreisen können Unterthemen einfach kenntlich gemacht werden, indem sie zu weiteren Kreisen führen.

Beispiel: Englischarbeit

Fragen zum Text

3. Tag

Bestandsaufnahme

Verlaufsform

1. Tag

4. Tag

Englischarbeit

Wiederholung

5. Tag

Vokabeln

2. Tag

Die einzelnen Kreise können farblich gestaltet und gegebenenfalls mit Zeichnungen ergänzt werden. Schon beim Erstellen einer Mindmap lernt man einiges durch das Beschäftigen mit dem Thema.

Ist der Lernstoff klar, überlegt man sich noch, wie viel Zeit zum Erlernen welcher Teilbereiche notwendig ist, und erstellt einen entsprechend gegliederten Lernplan. Der Lernstoff sollte dabei „gerecht" in drei „Portionen" verteilt werden.

Zweiter bis vierter Tag: Lernen, lernen, lernen

An den nächsten drei Tagen werden die „Portionen" jeweils in einer bis anderthalb Stunden gelernt. Auch die Uhrzeit, wann gelernt wird, sollte bei solch einem Plan bereits am ersten Tag für die gesamte Woche festgelegt werden. Jeder Mensch hat Phasen, in denen er sich regeneriert. Diese Zeiten, zum Beispiel direkt nach dem Mittagessen, sind für eine konzentrierte Prüfungsvorbereitung nicht geeignet. Wenn Eltern ihr Kind beim Lernen unterstützen, so darf deren Erwartung nicht dazu führen, dass der Erfolgsdruck auf das Schulkind steigt. Eltern sollten sich stets als Coach des Prüflings betrachten, der ihm hilft, seine Möglichkeiten optimal auszuschöpfen. Lernfortschritte müssen stets gelobt werden, um das Selbstbewusstsein zu stärken und die Angst vor dem drohenden Versagen zu reduzieren.

Fünfter Tag: Wiederholen

Am fünften Tag des Planes werden die Lerninhalte der vergangenen Tage nur wiederholt. Hier ist Zeit, schwache Bereiche noch einmal zu vertiefen.

Sportliche Aktivität schafft einen Ausgleich zum Lernen.

Der gesamte Stoff sollte nun aufgearbeitet sein, die wesentlichen Punkte zusammengefasst und wiederholt sein. Sprechen Sie mit Ihrem Kind ausgiebig über Aufgabenstellungen, die es einwandfrei beherrscht. Das ängstliche Kind fokussiert selbst viel zu sehr die Bereiche, in denen es sich unsicher fühlt, und steigert dadurch seine Angst vor dem gesamten Lernstoff. Lob und Anerkennung wirken dem entgegen.

Sechster Tag: Pause

Am sechsten Tag findet keine weitere Prüfungsvorbereitung statt. Nun geht es darum, dem Kind das sichere Gefühl der guten und gründlichen Vorbereitung zu vermitteln oder zu erhalten. Lernen hat hier oder am Morgen vor der Arbeit nichts mehr zu suchen. Sinnvoll ist es, den Tag oder Nachmittag mit sportlichen Aktivitäten zu füllen, bei denen sich das Kind verausgaben kann und die zu einem ruhigen und tiefen Schlaf führen. Bei vielen Kinder und Jugendlichen ist zum Beispiel Schwimmen sehr beliebt.

Aufkommende Ängstlichkeit oder Fragen sind natürlich normal, sollten aber nicht vertieft werden. Weisen Sie Ihr Kind darauf hin, dass es sich gut und gründlich vorbereitet hat und dass dies schon der eigentliche Erfolg ist. Sie und Ihr Kind wissen ja nun, dass es den Stoff beherrscht. Dann kann das Ergebnis in der Klassenarbeit dieses Wissen nicht schmälern.

Hat sich während der Vorbereitung gezeigt, dass die Zeit eben nicht gereicht hat: kein Grund zur Panik. Vermitteln Sie Ihrem Kind, dass die systematische Aufarbeitung ein Riesenschritt nach vorn ist und dass es auf das erlernte Wissen auch in Zukunft zugreifen kann. Das planvolle Lernen ist ein Schritt auf dem richtigen Weg, und er wird früher oder später auch zum Erfolg führen.

Der Vorbereitungsberg

Ein solcher Sechstagesplan kann schematisch anhand eines Rasters aufgezeichnet und zum Beispiel über dem Schreibtisch befestigt werden. Wirkungsvoller als sture Raster ist es aber, die einzelnen Vorbereitungsschritte als Bergbesteigung zu visualisieren.

Ruhephase (6. Tag)

Wiederholungen (5. Tag)

Lernprogramm (2.–4. Tag)

Bestandsaufnahme (1. Tag)

Dieses Bild verdeutlicht, dass nicht die Prüfung selbst, sondern die konsequente Vorbereitung die eigentliche Leistung des Kindes ist. Der Gipfel ist bereits erklommen, wenn das Lernprogramm erfolgreich absolviert wurde. Die folgende Klassenarbeit ist dann nur noch eine Frage der Umsetzung, denn der Schüler oder die Schülerin haben ihr Bestes gegeben, um sich gut und langfristig vorzubereiten.

Der Sechstageplan wird nicht beim ersten Mal sofort die gewünschte Wirkung erzielen. Aber die gründliche und kontinuierliche Vorbereitung auf jede Arbeit führt mit der Zeit dazu, dass Kinder und Jugendliche auch langfristig wirklich gut vorbereitet sind und über stabiles Wissen für die Arbeit verfügen. Ein bisschen Durchhaltekraft ist notwendig, um die positiven Effekte dieser Art von Systematik zu erleben.

Langfristige Vorbereitungen

Nicht nur die direkten Anstrengungen im Vorfeld einer Klassenarbeit, sondern das kontinuierliche, langfristige Lernen gibt einem Schüler auf Dauer das Gefühl, gut vorbereitet in eine Prüfung zu gehen.
Wenn keine Klassenarbeit ansteht, sollten Kinder und Eltern in gewissen Abständen gelegentlich das allgemeine Grundwissen überprüfen. Das kann spielerisch geschehen, etwa mit den folgenden Übungen:

- Rechtschreibübungen
- Kopfrechnen
- Quiz zu den verschiedensten Themenbereichen
- Konzentrationsspiele wie zum Beispiel „Ich packe meinen Koffer ...“
- Computerlernspiele
- Kreuzworträtsel
- Denk- und Knobelspiele

Zeigen Sie Ihrem Kind, dass Lernen Spaß macht.

Damit vermitteln Sie Ihren Kindern Spaß am Lernen. Es wird so Teil des Alltags und ist nicht ausschließlich mit Prüfungsvorbereitungen verknüpft. Solche Spiele, gewürzt mit einer gehörigen Portion Humor, vermitteln auch, dass Wissen sinnvoll und ein hoch geschätztes Gut in der Gesellschaft ist und dass es Spaß macht, sein Wissen anzuwenden oder zu präsentieren.
Mit der Zeit trauen sich die Kinder nach einigen positiven Erfolgserlebnissen in der Familie auch in der Schule langsam mehr zu. Lob und Bestätigung seitens der Eltern führen unweigerlich zu ei-

nem gestärkten Selbstbewusstsein, welches wiederum in der Klassenarbeit dem Prüfungsstress entgegenwirkt.

Lernstoff interessant machen

Echtes Interesse am Lernstoff erleichtert das Lernen erheblich. Wenn das Thema im Mittelpunkt der Vorbereitung steht und nicht das Bestehen einer Prüfung, ist alles viel einfacher, nicht so mühsam und zäh und langweilig. Wenn man sich nicht so zwingen muss, behält man mehr, speichert mehr Wissen und kann das Gelernte selbstverständlicher abrufen. Die Suche nach Möglichkeiten, wie dem Lernen der Ruch der sturen, trockenen und ermüdenden Paukerei genommen werden kann, lohnt also. Auch dann sind noch viel Konzentration und noch mehr Selbstbeherrschung nötig. Aber das Auswendiglernen von endlosen Vokabelseiten, mathematischen Formeln oder physikalischen Gesetzen sollte in erträglichen Dosen stattfinden und wann immer möglich durch andere Lernformen ersetzt werden.

Vielleicht gelingt es Ihnen, für den Lernstoff Ihres Kindes Anknüpfungen im Alltag zu finden.

Das schaffe ich nie

Silke hat sich im Lauf der fünften Klasse verändert. In der Grundschule hatte sie keine Probleme, doch die neue Schule macht ihr Angst. Besonders in Mathematik traut sie sich kaum etwas zu. Vor den Klassenarbeiten klagt sie tagelang über morgendliche Bauchschmerzen, ist aggressiv und unausgeglichen. Schon wenn sie ihr Mathebuch aufschlägt, bekommt sie Kopfschmerzen und ist lustlos. Meter, Zentimeter, Kilometer, Dezimeter und Millimeter kann sie nicht mehr hören, alles wirft sie durcheinander und für die nächste Arbeit mag sie schon gar nicht mehr lernen. Sie glaubt, das bringe sowieso nichts und sie sei die schlechteste Schülerin der Klasse. Ihr tägliches Klagelied lautet: „Das schaffe ich sowieso nicht!" Silkes Mutter ist am Ende ihrer Geduld. Sie weiß nicht mehr, was sie noch tun soll, um ihrer Tochter wieder Mut zu machen. Sanft und einfühlsam oder streng und unerbittlich – keine Taktik hat sie bis jetzt weitergebracht. Die Themen Schule, Klassenarbeit und Lernen führen unweigerlich zu Streit, schlechter

Laune oder innerem Rückzug und vergiften die Nachmittage. Je größer die Lücken ihrer Tochter werden, desto intensiver versucht Silkes Mutter, sie zum Lernen zu bewegen.

Silke ist ein intelligentes Mädchen und müsste den mathematischen Stoff eigentlich verstehen. In ihrem Fall ist eine Trendwende notwendig. Das negative Muster muss aufgelöst und umgekehrt werden. Silke könnte zum Beispiel so geholfen werden, die nächste Arbeit zumindest mit einer mittelmäßigen Note zu bestehen:

Verhalten kann geändert werden!

1. Lernen muss sein – aber in erträglichen Portionen. Silke muss sich mit ihrer Mutter auf ein tägliches Pensum einigen. Den Umfang müssen beide gemeinsam festlegen und dann auch einhalten.
2. Die Eltern oder ein Lehrer sollten vorläufig die Lerninhalte so aufbereiten, dass Silke einen persönlichen Bezug und Interesse entwickelt. So kann für jede Maßeinheit ein individuelles Beispiel helfen, sich die Größenverhältnisse zu merken. Einen Kilometer läuft sie bis zu ihrer Oma, einen Meter ist der kleine Bruder groß, einen Dezimeter ist der Goldhamster lang. Bei den Umrechnungsaufgaben würde nun gefragt, wie viele Dezimeter ein Meter sind, und Simone überlegt, wie viele Goldhamster aufeinander klettern müssen, damit das oberste Tier seine Pfoten auf den Kopf des Bruders legen kann. Diese Verknüpfung von abstrakten Zahlen mit vorstellbaren Inhalten vereinfacht das Lernen.
3. Die Eltern legen ihr Hauptaugenmerk immer auf die Aufgaben, die ihre Tochter gelöst hat. Das wird gelobt und hervorgehoben, damit Silke Selbstbewusstsein entwickelt und sich wieder mehr zutraut. Die Endnote einer Arbeit ist nicht so wichtig, sondern die bewältigten Aufgaben.

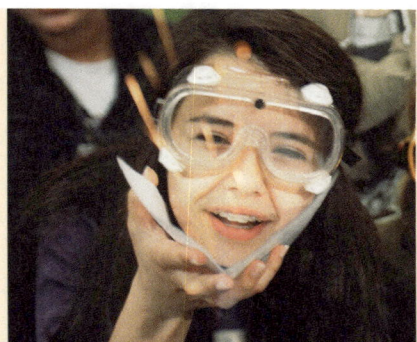

Im Internet gibt es sehr viele attraktive Lernangebote zu (fast) allen Fachbereichen, darunter sehr viele kostenlose. Informieren Sie sich gemeinsam mit Ihrem Kind.

Stubenhocker aufscheuchen

Gerade Jugendliche neigen in der Pubertät dazu, sich tagelang in ihrem Zimmer zu verbarrikadieren und sich außer auf das Lernen nur noch aufs Fernsehen oder den Computer zu konzentrieren. Ihr ganzes Denken richtet sich auf die bevorstehende Arbeit, Ablenkung findet kaum statt. Dies führt unweigerlich zu Druck und Bewegungsmangel, der wiederum Stress und Angstzustände begünstigt. Achten Sie also darauf, dass sich Ihr Kind jeden Tag auch etwas sportlich betätigt. Schicken Sie den Stubenhocker einkaufen, beteiligen Sie ihn bei der Gartenarbeit und beauftragen Sie ihn mit Botengängen, wenn er nicht selbst an seine Bewegung denkt.

Auch während einer Vorbereitungswoche auf eine Klassenarbeit sollten regelmäßige Termine wie Sportverein, Theatergruppe oder Tanzkurs nicht ausfallen.

Augen und Ohren benutzen

Es gibt ganz verschiedene Kanäle, über die Kinder Informationen aufnehmen und verarbeiten. Da sind an erster Stelle die Augen und die Ohren, die in der Schule auch am häufigsten angesprochen werden. Wenn wir etwas lesen, wird nur der visuelle Kanal angesprochen, hören wir einem Vortrag zu, ist es der auditive. Aber es gibt noch weitere Sinnesorgane, die beim Lernen genutzt werden können. Geruchssinn, Geschmackssinn und der Tastsinn können die Aufnahme von Lernstoff sehr erleichtern, wenn man sie richtig einsetzt. Grundsätzlich kann man sagen, dass Lernen besser funktioniert, je mehr Sinne man einbindet.

Je mehr ▶
Normalität und Alltag mit den Vorbereitungen kombiniert wird, desto mehr verliert die Prüfung ihren Schrecken.

Darüber hinaus gibt es Unterschiede von Mensch zu Mensch, welcher Sinn für das Lernen am besten geeignet ist. Ein visueller Lerntyp sollte niemals ausschließlich durch Zuhören versuchen zu lernen, ein auditiver nicht nur durch Lesen.

Mit vielen Sinnen lernen

Patricia ist verzweifelt, weil sie am nächsten Tag eine Mathearbeit schreiben muss. Bisher hat sie noch nichts dafür gelernt, hat die Gedanken daran einfach verdrängt. Doch heute gibt es keinen Ausweg mehr, sie muss nun unbedingt etwas tun. Das Thema sind Regeln, die an einer großen Zahl im sechs- bis neunstelligen Bereich erkennen lassen, durch welche Ziffern diese teilbar sind. Immer wieder schaut sie sich die Regeln in ihrem Heft an, aber sie kann sich diese Rechenmethode einfach nicht einprägen.

> **Lernen mit Kopf, Herz und Hand verspricht den größten Erfolg.**

Dann hat sie eine gute Idee. Sie spricht sich die verschiedenen Regel auf eine Kassette, und zwischen jede Regel nimmt sie einen tollen Song auf. Diese Kassette hört Patricia sich den ganzen Nachmittag über immer wieder an, am nächsten Tag kann sie die Regeln in der Arbeit problemlos anwenden.

Mit ihrer Methode hat Patricia verschiedene Sinne benutzt. Durch das Aufsprechen der Regeln auf Band hat sie nicht nur ihre auditiven Fähigkeiten eingesetzt, sondern das genaue Ablesen, die Bedienung des Recorders und das deutliche Sprechen haben auch ihren Tastsinn und ihre visuellen Fähigkeiten gefordert. Die Vernetzung dieser drei Sinne hat schließlich dazu geführt, dass Patricia sich in der Mathearbeit alle Regeln vergegenwärtigen konnte, zumal sie an Musik geknüpft war.

> ## Tipp
>
> Sie können mit Ihrem Kind ausprobieren, wie stark es auf Augen, Ohren und Handeln angewiesen ist, um sich etwas zu merken:
> Lassen Sie es drei Mal zehn jeweils unterschiedliche Gegenstände (oder Geräusche) hintereinander:
> a) hören, b) sehen oder c) ertasten. Nach jedem Durchgang können Sie gemeinsam prüfen, wie viele Gegenstände/Geräusche sich Ihr Kind merken konnte.

Prüfungsstrategien

Neben der langfristig und kurzfristig gründlichen Vorbereitung sind die richtigen Strategien zum Bestehen einer Prüfung wichtig. Auch sie müssen erst einmal gelernt werden und lassen sich üben.

Das Leichte zuerst

Zeigen Sie Ihrem Kind, dass es sich zunächst einen Überblick auf die Themenbereiche schaffen soll und dass es am besten ist, mit den einfach zu lösenden Aufgaben zu beginnen. Nicht alle Klassenarbeiten sind nach dem Schwierigkeitsgrad von leicht zu schwer aufgebaut. Viele Kinder neigen dazu, die Aufgaben in der Reihenfolge zu bearbeiten, wie sie in der Arbeit erscheinen. Dann kann es vorkommen, dass sie an einer schwierigen Aufgabe hängen bleiben und für die leichteren keine Zeit mehr haben. Kinder müssen erst lernen, Prioritäten zu setzen, sich nicht an einer Aufgabe festzubeißen und den Zeitrahmen im Auge zu behalten.

Arbeitsorganisation kann man lernen.

Üben Sie mit Ihrem Kind an einer alten Arbeit, die Aufgaben nach dem Schwierigkeitsgrad zu sortieren und zu bearbeiten. So wird ihm deutlich, dass man sich auch in schwierigen Klassenarbeiten Stück für Stück vorarbeiten kann. Manchmal ist es auch ganz hilfreich, den Rat der Klassenkameraden zu suchen. Vielleicht gibt es jemanden, mit dem Ihr Kind sich gemeinsam vorbereiten könnte?

Zeitmanagement

Wichtig ist es für die Schüler auch, ein Gefühl für die während der Arbeit zur Verfügung stehende Zeit zu entwickeln.

Eine Uhr sollte immer verfügbar sein, um sich einen realistischen Überblick auf die Zeitreserven verschaffen zu können.

Vielen Schülern und Schülerinnen hilft es während der Klassenarbeit, sich an einem vorher erprobten Zeitraster zu orientieren. Sie können so fünf Minuten für einen eventuellen Blackout einplanen, damit sie dieser befürchtete Zustand nicht so sehr unter Stress setzt. In weiteren fünf Minuten wird dann die gesamte Aufgabenstellung gründlich studiert und die Reihenfolge der Bearbeitung festgelegt. Die letzten fünf Minuten sollten dazu genutzt werden, die bereits bearbeiteten Aufgaben zu überprüfen und eventuelle Fehler zu

Ein Testlauf vor der Arbeit schafft Sicherheit.

korrigieren. In Mathematikarbeiten kann die Korrekturphase auf zehn Minuten erhöht werden, da das Nachrechnen von Aufgaben zeitintensiv ist. Üben Sie mit Ihrem Kind diese Zeitplanung zu Hause mindestens einmal in Echtzeit mit Übungsaufgaben, damit es ein Gespür für die Länge der einzelnen Phasen bekommt.

Überraschungen ausschließen

Es gibt eine Reihe von Faktoren, welche die Ängstlichkeit und Unsicherheit während und vor einer Klassenarbeit steigern können. Mit ein wenig Vorbereitung können diese Punkte allesamt ausgeräumt werden. Zunächst sollte eindeutig geklärt sein, zu welcher Zeit und in welchem Raum die Prüfung stattfindet, damit das Kind oder der Jugendliche nicht zur falschen Zeit am falschen Ort erscheint. Je mehr der Schüler über die Begleitumstände einer Arbeit weiß, je mehr Anteile der Prüfung im Vorfeld schon „erlebt" worden sind, desto sicherer kann er sich fühlen.

Prüfung simulieren

Die Prüfungsangst lässt sich unter Umständen erheblich reduzieren, wenn die Prüfung ein- oder zweimal im Vorfeld simuliert wird, und zwar so echt wie möglich. Informieren Sie sich über den zeitlichen Umfang der Arbeit und das Thema und erstellen Sie eigene Fragen und Aufgaben dazu. Gegebenenfalls können Sie sich an einer vorherigen Arbeit orientieren.

Simulieren Sie die Prüfung zu Hause – das erhöht die Erfolgschance. Simulieren Sie nun die Prüfungssituation so echt wie möglich, lassen Sie keine Unterbrechungen zu, achten Sie auf die Konzentration Ihres Kindes und beobachten Sie sein Verhalten, um im Anschluss an die Simulation die positiven Aspekte – und nur diese! – zu loben.

Den Ernstfall üben

Sabrina hilft es sehr, wenn sie mit ihrem Vater „den Ernstfall" übt. Vor Mathearbeiten ist sie immer besonders ängstlich und fühlt sich nicht mehr so ausgeliefert, wenn sie im Vorfeld die Situation einmal durchgespielt hat. Die ganze Simulation ist natürlich nur hilfreich, wenn sie ernsthaft und vollständig ausgeführt wird. Das bedeutet, dass sie auch die bisher trainierte Entspannung – Sabrina hat sich das Atmen in den Körper ausgesucht – zu Beginn einsetzt. Ihr Vater imitiert Sabrinas Lehrer recht gekonnt, weist streng auf die Arbeitsinhalte hin und sorgt für eine störungsfreie Zeit.
Hinterher besprechen die beiden, ob Sabrina Schwierigkeiten hatte und was sie für die Arbeit anders machen könnte. Der Vater lenkt das Gespräch dabei immer wieder auf die gelungenen Teile der Simulation.

Nichts vergessen

Wichtig ist aber für viele Kinder auch, eine komplette überprüfte Materialausstattung im Ranzen zu haben. Dazu gehört ein Mäppchen mit gespitzten Bleistiften, Füllerpatronen und Buntstiften. Auch Zirkel, Lineal oder Geodreieck werden bei manchen Arbeiten benötigt und sollten vorhanden sein. Eventuell braucht der Schüler auch ein Lexikon, ein Wörterbuch oder ein bestimmtes Schulbuch. Auch ausreichende Getränke und ein Schulbrot sind wichtig.

Panikmacher meiden

Ein Schulkind mit Prüfungsangst hat genug damit zu tun, seine eigenen Gefühle unter Kontrolle zu halten und den Stress zu reduzieren. Panische Mitschüler verstärken seine Angst und helfen kaum, zu entspannen und sich etwas gelassener der Klassenarbeit zu stellen.

Das Kind sollte also am Morgen der Arbeit wenig Zeit haben, mit anderen Klassenkameraden zu sprechen. Unwiderruflich verfallen Schüler in das Muster, sich gegenseitig Fragen zur Arbeit zu stellen, und verunsichern sich damit noch einmal immens. Ein Kind mit starker Prüfungsangst kann das nicht gebrauchen.

Auch Erwachsene haben Angst

Die Angst, in einer Prüfung zu versagen, wäre nur halb so schlimm, wenn alle anderen auch schlecht abschneiden würden. Genährt wird sie jedoch von dem Gefühl oder dem vermeintlichen Wissen, dass nur man selbst sich bloßstellen wird, alle anderen hingegen erfolgreich sein werden. Viele Kinder und auch noch Jugendliche können sich gar nicht vorstellen, dass auch ihre Eltern Situationen von starker Prüfungsangst erlebt haben.

Eltern können eigene Angst ruhig zugeben.

Der Vater, vielleicht ein gestandener Geschäftsmann, seit das Kind ihn bewusst wahrgenommen hat, ist einfach nicht vorstellbar als ängstlicher Prüfling. Oft hilft es Kindern daher, wenn ihre direkten Vorbilder, denen sie bewusst oder unbewusst nacheifern und denen sie es gerne recht machen wollen, auch einmal ihre Schwachstellen zeigen.

Eine sorgfältig gepackte Schultasche, das Umgehen von panischen Mitschülern und die genaue Kenntnis über Ort und Uhrzeit der Prüfung vermitteln dem Kind Sicherheit.

Die Macht der Schule

Für Kinder und Jugendliche ist die Schule oft das Zentrum ihres jungen Universums. Fast ihr gesamtes Leben dreht sich neben der Familie um die Schule. Da ist es nicht erstaunlich, dass Bewertungen durch die Schule einen sehr hohen Stellenwert für die Schüler und Schülerinnen besitzen.

Schlechte Noten werden von ihnen schnell gleichgesetzt mit einer Abwertung ihrer Persönlichkeit. Immerhin droht ja auch ein Ausschluss aus der Gemeinschaft, wenn die Leistungen zu sehr abfallen.

Andererseits ist es auch verpönt, zu gute Noten zu schreiben. Es muss also immer der goldene Mittelweg sein, bloß nicht am Ende oder am Anfang der Leistungskette stehen bleiben.

Schlechte Noten sind kein Weltuntergang. Es gibt Schlimmeres.

Bloß nicht zu gut sein – viele Jugendliche sind zwischen der Verachtung von Strebern und der Angst vorm Versagen hin und her gerissen. Dieses Spannungsfeld, in dem sich die jungen Menschen bewegen, ist für sie selbst aber nicht so transparent, wie es hier klingt. Aus diesem Grunde kann es sehr hilfreich sein, den Kindern und Jugendlichen den Stellenwert der Noten zu verdeutlichen, ohne deren Sinn in Abrede zu stellen. Das Auflösen der Prüfungsangst soll ja nicht zur Folge haben, dass Bewertungen in der Schule ihre Bedeutung völlig verlieren.

Viele prominente Beispiele zeigen, dass auch mit schlechten Noten oder mittelmäßigen Schulerfolgen das Leben durchaus noch gute

Perspektiven hat. Um den Kindern und Jugendlichen ihre versteckten Befürchtungen des totalen Versagens zu nehmen, sind solche Beispiele eine Möglichkeit.

Oft hilft es auch, wenn die Eltern mit ihren Kindern die Kette des Schulversagens einmal ganz zu Ende denken. Was kann denn im schlimmsten Fall passieren, wenn die Angst machenden Prüfungen nicht bestanden werden? Eine Wiederholung der Klasse? Ein Schulwechsel? Ist das denn wirklich so furchtbar schlimm? Gibt es hier nicht zahlreiche Alternativen?

Neben dem Schulabschluss sollten auch die Berufs- und Ausbildungsmöglichkeiten gemeinsam durchgesprochen werden, damit den Schülern diese bewusst werden. Ein Besuch beim Arbeitsamt kann helfen, interessante Berufe und Ausbildungszweige kennen zu lernen, über die bisher noch nie nachgedacht wurde. Ebenso kann man mit dem zweiten Bildungsweg verfahren. In Deutschland gibt es zahlreiche Wege und Möglichkeiten, um die vorhandenen Schulabschlüsse zu erweitern, berufsbegleitend oder auch im Anschluss an eine Ausbildung. Die Bedrohlichkeit eines Scheiterns in der Regelschule wird dem Heranwachsenden damit etwas genommen.

Prominente Sitzenbleiber:
Harald Schmidt
Albert Einstein
Winston Churchill
Otto Fürst von Bismarck

Was hilft, wenn nichts mehr weitergeht?

Eltern sollten nicht der Versuchung erliegen, ihre Kinder für die Schule passend zu machen. Sie sind viel eher gefordert, die passende Schule zu finden. Das ist nicht immer leicht, bisweilen tragen auch äußere Entwicklungen dazu bei, dass ein Wechsel der Schule keine Entlastung bringt und auch eine andere Schulform nicht den erhofften Erfolg herbeiführt. Eltern brauchen dann sehr viel Stehvermögen, denn Bangemachen ruiniert das letzte Selbstbewusstsein Heranwachsender. Vielmehr sind sie auch hier klüger beraten, den Blick auf völlig andere Wege zu lenken, die es in großer Zahl gibt.

Die Angst vor dem Schulversagen kann bei älteren Kindern zusammen mit der Berufswahl erörtert werden. Das relativiert vieles.

Manchmal ▶ hilft ein Haustier Druck abzubauen. Es weiß nichts von Noten und gibt bedingungslose Zuwendung.

Zweiter und dritter Bildungsweg

Erfreulicherweise verfügt Deutschland über ein ungewöhnlich breit gestreutes Bildungsangebot, das auch auf Umwegen zu einem Schulabschluss führen kann. Da Bildungsfragen zum großen Teil unter die Kulturhoheit der Bundesländer fallen, gibt es relativ große Unterschiede von Land zu Land. Im Einzelfall müssen Sie sich in den jeweiligen Kultusministerien oder auf dem Schulamt genauer informieren. Auskünfte geben auch die zuständigen Arbeitsämter und Berufsinformationszentren (BIZ). Schulabschlüsse werden länderübergreifend anerkannt. Die allgemeine Schulpflicht beträgt neun Jahre, in fünf Ländern zehn Jahre, die anschließende Teilzeitschulpflicht (ausbildungsbegleitend) drei Jahre. Im Einzelnen gibt es folgende Institutionen des zweiten Bildungsweges:

Es gibt viele Wege zum Schulabschluss.

- Abendschulen ermöglichen den nachträglichen Erwerb eines Haupt- oder Realschulabschlusses.
- Berufsschulen und Betriebe vermitteln eine Berufsausbildung nach einem Schulabschluss. Zahlreiche Ausbildungen öffnen dann wiederum den Weg in die Fachhochschulen.
- Berufsfachschulen sind berufliche Vollzeitschulen in verschiedener Ausprägung. Es gibt die besondere Form der zweijährigen Berufsfachschule mit einem mittleren Bildungsabschluss (Realschulabschluss) als Zugangsvoraussetzung, die zum Abschluss „staatl. geprüfter Assistent" führt. In Verbindung mit einem mindestens zweijährigen Bildungsgang kann unter Umständen die Fachhochschulreife erworben werden.
- Fachoberschulen sind zweijährige Schularten, die aufbauend auf den Realschulabschluss mit Jahrgangsstufe 11 und 12 zur Fachhochschulreife führen. Mit einer Berufsausbildung ist auch der direkte Eintritt in die 12. Klasse möglich.
- Die Berufsoberschule (Klasse 13 der Fachoberschule) besteht nur in wenigen Ländern. Sie bietet Absolventen mit mittlerem Schulabschluss und abgeschlossener Berufsausbildung bzw. fünfjähriger Berufstätigkeit die

Manchmal ist der zweite Bildungsweg die erste Wahl.

Möglichkeit zum Erwerb der fachgebundenen Hochschulreife. Mit nachweislich guten Kenntnissen einer zweiten Fremdsprache ist der Erwerb der allgemeinen Hochschulreife möglich.
- Fachschulen dienen der beruflichen Weiterbildung und dauern zwischen einem bis drei Jahren. Sie setzen den Abschluss einer Berufsausbildung und eine entsprechende Berufstätigkeit voraus.

Nehmen Sie Misserfolge und Einbrüche in der schulischen Laufbahn Ihres Kindes nicht allzu ernst. Erlauben Sie eine Auszeit, möglichst mit klar formulierter Zielsetzung (etwa ein soziales Jahr, eine Tätigkeit im Ausland oder Ähnliches) und prüfen Sie dann gemeinsam die Möglichkeiten, den Schulabschluss im Rahmen eines Ausbildungsganges des zweiten Bildungsweges zu absolvieren. Meist trifft man in diesem Umfeld auf höchst motivierte Lernende, die genau wissen, warum und wozu sie die Schulbank drücken.

Die Rolle von Lehrer und Schule

Neben einer schlechten Vorbereitung, Zeitdruck, mangelndem Selbstbewusstsein, Überforderung oder dem familiären Druck können Lehrer und Lehrerinnen eine nicht unwesentliche Rolle bei der Entwicklung von Prüfungsängsten spielen.

Der Großteil der Lehrkräfte verbindet einen demokratischen Unterrichtsstil mit einer partnerschaftlichen, engagierten und fördernden Pädagogik, aber es gibt Ausnahmen, die sich Schülern und Schülerinnen gegenüber ungerecht, abwertend, gleichgültig oder herablassend verhalten.

Sprechen Sie in jedem Fall mit dem Lehrer oder der Lehrerin. Er oder sie kennt Ihr Kind von einer anderen Seite.

Fast alle Kinder und Jugendliche und sicher auch viele Erwachsene können bestätigen, dass guter Unterricht sowie die Motivation zum Lernen und zur Mitarbeit ganz wesentlich von einzelnen Lehrerpersönlichkeiten und deren Unterrichtsstil abhängen. Schon aus diesem Grunde ist es sinnvoll, den Lehrer oder die Lehrerin Ihres Kindes als Partner zu gewinnen. Lassen Sie sich nicht von Gerüchten und Geschichten anderer gegen einen Lehrer einnehmen. Lernen Sie die Lehrkräfte Ihres Kindes selbst kennen und versuchen Sie, diese für die Schwierigkeiten Ihres Kindes zu sensibilisieren. Gemeinsam erreichen Sie mit Sicherheit eher eine Lösung des Problems als allein. Warten sie nicht auf den nächsten Elternsprechtag, sondern bitten Sie um einen kurzfristigen Termin. Die Lehrer müssen solchen Terminwünschen nachkommen, ggf. auch außerhalb der Unterrichtszeit.

Lehrerpersönlichkeiten

In vielerlei Hinsicht sind Schüler vom Verhalten ihrer Lehrer abhängig. Fühlen sie sich angegriffen oder vor der gesamten Klasse unfair behandelt, kann das selbstverständlich dazu führen, dass ein Kind oder Jugendlicher sich zumindest in diesem Unterricht nichts mehr zutraut und darüber hinaus Versagensängste bis hin zur Prüfungsangst entwickelt.

Auch ein sprunghafter und langweiliger Unterricht kann bei Schülern enorme Wissenslücken hinterlassen, da sie aus Mangel an Interesse und Motivation nicht mehr genug lernen. Diese Wissensdefizite summieren sich im Laufe des Schuljahres und führen zu Leistungseinbrüchen bei Klassenarbeiten.

Wenn der Pauker ein Ekel ist

In der sechsten Klasse hatte Olaf einen Klassenlehrer in den beiden Hauptfächern Deutsch und Englisch, mit dem er überhaupt nicht zurechtkam. Wie er sich auch verhielt, irgendwie kam es beim Lehrer immer falsch an. Olaf kassierte einen Eintrag nach dem anderen, er wurde oft ermahnt und wiederholt vor der ganzen Klasse bloßgestellt. Schlechte Noten wurden im Klassenverband vorgelesen und mit zynischen Kommentaren „gewürzt", so dass Olaf sich an manchen Tagen gar nicht mehr in die Schule traute. Seine Klassenkameraden wandten sich von ihm ab, denn sie konnten den Manipulationen des Lehrers nicht aus eigener Kraft widerstehen.

Olaf fühlte sich zwar ungerecht behandelt, konnte aber in seiner Rolle als Schüler nichts gegen die Macht des Lehrers unternehmen. Zunehmend entwickelte er Panik vor Leistungsabfragen, gleichgültig ob es Tests, mündliche Kontrollen oder reguläre Klassenarbeiten waren. Er ängstigte sich so sehr vor der öffentlichen Bloßstellung, dass er gegen Ende der sechsten Klasse den Schulbesuch ganz verweigerte.

Solche Lehrkräfte sind wie gesagt die Ausnahme und es sollte sie eigentlich nicht geben, denn sie nutzen ihre Überlegenheit und ihren Status gegenüber schwächeren, ihnen anvertrauten Menschen aus. Kinder, aber auch Jugendliche haben es sehr schwer, gegen diese Form der ungerechten und verletzenden Behandlung anzugehen. Ohne eine starke Unterstützung seitens der Eltern haben sie meist keine Chance, ihre Situation zu verbessern.

Haben Sie es mit solch einem Lehrer zu tun, dann sprechen Sie ihn auf sein Verhalten und die Konsequenzen für Ihr Kind unbedingt an und verlangen Sie eine Erklärung. Zeigen Sie, dass Sie nicht vor einer Beschwerde zurückschrecken, falls er sich weiterhin so gegenüber Ihrem Kind verhält. Suchen Sie ruhig Unterstützung bei anderen Eltern, denn bei solch einem Lehrer wird nicht nur Ihr Kind Schwierigkeiten haben. Im besten Fall wird er daraufhin sein Verhalten ändern und Ihr Kind in Zukunft in Ruhe lassen.

Sprechen Sie am Elternabend Ihre Probleme ruhig an: Sie werden sicher Gehör finden.

Oft hilft aber in solchen zugespitzten Situationen nur noch ein Klassen- oder sogar Schulwechsel, um mit einem neuen Anfang die Misserfolge und Herabwürdigungen zu überwinden.

Die weiterführende Schule

Viele Lehrer und Lehrerinnen beginnen schon sehr früh, ihre Schüler und Schülerinnen auf die vielfältigen Anforderungen der weiterführenden Schulen und des späteren Berufslebens vorzubereiten. Dazu gehören neben dem Wecken des Interesses am Lernstoff, oder am Lernen selbst, auch die Auseinandersetzung mit höheren Leistungsanforderungen sowie das Etablieren einer Vortrags- oder Redekultur. Schon ab der ersten Klasse können Kinder spielerisch an Prüfungssituationen herangeführt werden, indem man ihnen vermittelt, dass es schön und befriedigend ist, sein Können auch zu zeigen.

Die passende Schulform muss mit Sorgfalt und Weitsicht gewählt werden.

Leider findet vielerorts nach dem Wechsel von der Grundschule an eine weiterführende Schule in den ersten beiden Jahren wiederum ein Ausleseprozess statt. In manchen Fällen haben Eltern ihre Kinder trotz der Grundschulempfehlung auf einer anspruchsvolleren Schulform angemeldet, und nicht immer ist dieser Optimismus

◀ Nach dem Wechsel in eine weiterführende Schule ist es ungemein wichtig, dass Lernstrategien vermittelt werden.

gerechtfertigt. Die Kinder baden diese Fehlentscheidung dann mit einem erneuten Schulwechsel aus.

Es kommt aber gerade auch in Gymnasien leider recht häufig vor, dass Schüler den Anforderungen trotz positiver Grundschulempfehlung nicht gewachsen sind. Auch sie verlassen in den ersten beiden Jahren die Schule und erleben dies als Niederlage, die ihr Selbstbewusstsein schwächt. Für nicht wenige Kinder ist dies geradezu ein Schock. Nach der behüteten Grundschulzeit werden sie unvorbereitet und plötzlich mit dem Ernst des Lebens konfrontiert. Nun werden nicht mehr ihre Stärken gelobt und gefördert, sondern es wird genau und kritisch überprüft, ob die Wahl der Schulform auch dem Leistungsvermögen des Kindes angemessen ist. Ein späterer Schulformwechsel bedeutet eine soziale Abstufung und wird meist stark gefürchtet, da schon ab der dritten Klasse Diskussionen über den vermeintlich geringeren Wert von Haupt- und Realschule zwischen den Grundschülern stattfinden.

Das Verlangen nach guten Noten, einer anerkannten Schulform und dem damit verbundenen Prestige steigt von Schuljahr zu Schuljahr. Hier wird ein Grundstein für Versagensängste gelegt, die sich nicht selten dann in Prüfungsangst manifestieren.

Angst durch Noten

Noten sind in deutschen Schulen das gängige Instrument, wenn es um die Beurteilung von Leistungen geht. Je nach Schulform und pädagogischem Konzept werden Noten vergeben, mal früher, mal später. Mündliche oder schriftliche Beurteilungen lassen in den ersten Schuljahren noch Interpretationsspielraum, irgendwann wird aber jeder Schüler mit der Aussagekraft von Noten, besonders von schlechten Noten, konfrontiert.

Differenzierte Beurteilungen helfen mehr als Noten. Schlechte Noten machen Angst, besonders wenn sie ohne jeden aufbauenden Kommentar vergeben werden. Eine differenzierte Bewertung der Stärken und Schwächen eines Schülers ist immer viel sinnvoller als eine reine Note zwischen Eins und Sechs, denn Kommentare zeigen neben den Defiziten auch die positiven Aspekte einer Arbeit auf. Der Schüler hat dann etwas, an dem er sich festhalten kann, was ihn aufwertet und ihn motiviert, es beim nächsten Mal wieder zu versuchen.

Ein einfühlsamer und deutlicher Kommentar des Lehrers, eventuell ein persönliches Gespräch über die Stärken und Schwächen helfen dem Kind oder Jugendlichen, eine missratene Arbeit zu verkrafte, und geben ihm Mut für die nächsten Tests. Viele Lehrer wissen das und setzen dieses Wissen auch um. Sie legen Wert auf eine persönliche Beziehung zu ihren Schülern und können sich in deren seelische Verfassung einfühlen.

Im Einzelfall sind Lehrkräfte aber mit solchen Ansprüchen überfordert. Lehrer mit vielen Schülern, die zum Teil auch noch an zwei verschiedenen Schulen unterrichten müssen, haben verständlicherweise wenig Möglichkeiten, einen persönlichen Bezug zu ihren Schülern aufzubauen. Die wechselnden Gesichter und Namen verschwimmen in der Menge der Schüler. Sie können diesen Anforderungen oft nur noch mit einer guten Unterrichtsvorbereitung gerecht werden, nicht aber mit einer genauen Wahrnehmung der einzelnen Schülerpersönlichkeiten. Überforderte Lehrer haben kaum eine Chance, vom Schüler empfundene Ungerechtigkeiten, Probleme und Schwierigkeiten zu bemerken, wenn die Kinder, Jugendlichen oder Eltern nicht von sich aus mit der Problematik auf sie zukommen.

Sprechen Sie also auf jeden Fall mit den Lehrern Ihres Kindes und weisen Sie diese auf die Probleme hin. Vielleicht zeigen sie sich interessiert und kooperativ, so dass Sie gemeinsam eine sinnvolle Vorgehensweise entwickeln können.

Natürlich gibt es Möglichkeiten, negative Bewertungen und Beurteilungen, zum Beispiel die Ergebnisse von Klassenarbeiten, nicht allzu „grausam" zu präsentieren. Mit Rotstift korrigierte Heftseiten, denen am unteren Rand noch ein Notenspiegel zum direkten Vergleich der eigenen Leistung mit der von Mitschülern angehängt wird, dienen nicht gerade der Motivation. **Noten sind ein starkes** Sie zeigen deutlich die Schwachstellen der Kinder auf **Druckmittel und sie** und vergleichen die Leistungen in der Lerngruppe. Ob- **erzeugen bei vielen** wohl Noten längst nicht immer gerecht und schon gar **Kindern und Jugend-** nicht vergleichbar sind, legen sie das Leistungsniveau **lichen Angst.** von Schülern unwiderruflich fest.

Auf die Haltung kommt es an

Es macht einen großen Unterschied im Umgang mit Kindern, welche innere Haltung Lehrkräfte gegenüber ihrer Klasse haben. Zugespitzt ausgedrückt: Entweder versuchen sie die schlechten Schü-

◀ Ihr Kind braucht Ihre Rückendeckung: machen Sie Zuneigung nicht von Noten abhängig.

Tipp

Die Richtlinien geben an, wie lange im Voraus Tests und Klassenarbeiten anzukündigen sind. Erkundigen Sie sich danach im Sekretariat der Schule.
Zum Thema Noten ist in der Reihe
Cornelsen Eltern-Sprechstunde ein Band erschienen:
Monika Rebitzki: Keine Angst vor Noten.
Leistungsbeurteilungen sinnvoll nutzen.

ler schnell herauszufiltern oder sie wollen alle Kinder in der Klasse halten und ihre positiven Seiten und Stärken weiterentwickeln.

Für Tests und Arbeiten hat dies zur Folge, dass der harte Lehrertyp Prüfungen kurzfristig ansetzt und bewusst „aussiebt". Solche Lehrer setzen darauf, dass die Schülerinnen und Schüler sich schon selbst um eine gute Vorbereitung kümmern müssen, um gute Noten und damit um den Verbleib in der Klasse oder Leistungsgruppe zu erreichen.

Die andere Gruppe von Lehrern stellt das Ziel, die Kinder weiter zu motivieren und auf ihrem bisherigen Niveau zu halten oder zu fördern, in den Vordergrund. Hier werden Arbeiten rechtzeitig angekündigt, die Arbeitsinhalte im Unterricht detailliert besprochen und Prüfungen in einem weitgehend stressfreien Klima durchgeführt. Verständnisfragen während einer Klassenarbeit sind erlaubt, eventuell mit Punktabzug. Das Zeitlimit wird großzügig gehandhabt, die Arbeit ist in verschiedene Schwierigkeitsgrade eingeteilt, so dass auch schwächere Schüler ihr Wissen einbringen können.

Gute Lehrer, kann man zusammenfassend sagen, haben ein Interesse an der Kooperation mit den Erziehungsberechtigten. Sie verdeutlichen auf Elternabenden ihr Unterrichtskonzept und erklären ihre Ziele und Methoden. Fragen und Ideen gegenüber sind sie aufgeschlossen, das Wohl des einzelnen Kindes interessiert sie. Bei solchen Lehrern werden Sie offene Türen einrennen, wenn Sie mit ihnen über die Prüfungsängste Ihrer Tochter oder Ihres Sohnes reden. Mit jenen Lehrerinnen oder Lehrern, die aus Überlastung oder anderen Gründen weniger aufgeschlossen sind, wird das Gespräch sicher schwieriger. Für beide Fälle ist eine durchdachte Vorbereitung wichtig. Weiter unten finden Sie einige Anregungen dazu.

So haben Schüler gute Chancen …

1. wenn Lehrer sie oft und intensiv für ihre Leistungen loben und sie bei ihrer Arbeit unterstützen.

2. wenn sie an der Gestaltung der unmittelbaren Schulumgebung beteiligt werden.

3. wenn sie Verantwortung übertragen bekommen.

4. wenn ihre Leistungen betont und hervorgehoben werden.

5. wenn Lehrer ein Vorbild darstellen.

6. wenn innerhalb der Lehrerschaft Übereinstimmung hinsichtlich der pädagogischen Prinzipien besteht.

7. wenn Lehrer das gruppenbezogene Unterrichten dem einzelbezogenen Unterrichtsmodell vorziehen.

Lernen am Modell

Der positivere Umgang mit Prüfungssituationen kann von Kindern und Jugendlichen erlernt werden. Zum einen ist dabei das Selbstbewusstsein des Schülers wichtig, zum anderen die Vorbereitung durch die Schule.

Es hat sich in einer Studie von 1977 gezeigt, dass ängstliche Schüler viel von selbstbewussten Banknachbarn übernehmen können. Das Zusammensetzen von ängstlichen und nicht-ängstlichen Kindern in den Klassen 5 bis 8 führte eindeutig dazu, dass sich die „Angsthasen" an den forscheren Altergenossen orientierten und ihrerseits im Umgang mit Lern- und Prüfungssituationen selbstbewusster wurden. Diese Erfahrung liegt dem Prinzip „Lernen am Modell" zugrunde. Sprechen Sie mit Ihrem Kind und dessen Lehrer, ob ein anderer Banknachbar vielleicht das Selbstvertrauen des Heranwachsenden stärken könnte.

Mitten in der Panikattacke

Während einer Prüfung ist ängstlichen Schülern ihre Panik in der Regel durchaus anzusehen. Ein blasses Gesicht, kalte, zittrige Hände und natürlich die Schreibhemmung zeigen deutlich, dass hier etwas nicht stimmt. Anstatt diese klaren Anzeichen nun zu ignorieren, hat die Lehrkraft viele Möglichkeiten, dem Schüler den Weg aus der Angst zu weisen. Viele wissen aber vielleicht nicht, wie sie sich verhalten sollen.

Vereinbarte Verhaltensänderungen müssen klar besprochen und unbedingt auch überprüft werden.

Versuchen Sie doch im nächsten Lehrergespräch einmal vorsichtig, die folgenden Hilfsangebote zur Diskussion zur stellen. Beharren Sie nicht auf einer Umsetzung, greifen Sie lieber geeignete Ideen oder Vorschläge des Lehrers auf.

Es könnte dem angstgeplagten Schüler helfen,

- wenn er angesprochen und aus seiner Angststarre erlöst wird,
- wenn er sich bewegen darf, vielleicht ein Gang zur Toilette erlaubt wird,

- wenn der Lehrer leise Verständnisfragen stellt, um den Arbeitsprozess in Gang zu bringen,
- wenn in Aussicht gestellt wird, dass es weitere Möglichkeiten zur Verbesserung der Note geben wird.

Eine Totalblockade sollte später nicht großartig diskutiert werden, damit sich dieses Verhalten nicht festsetzt. Besser ist es, im Unterricht einige Fragen zu stellen und deren richtige Antworten zur Bewertung hinzuzuziehen. Damit wird gegenüber dem Schüler die Wertigkeit der Klassenarbeit relativiert und die Versagensangst abgebaut. Letztlich ist es immer gut, einem lediglich an der Prüfungssituation gescheiterten Schüler zu sagen, dass er sich gut vorbereitet hat und das Wissen nicht verloren ist. Eine Klassenarbeit ist nicht die einzige Möglichkeit zur Ermittlung einer Schulnote.

Hüten Sie sich vor Schuldzuweisungen, denn Vorwürfe vergiften die Atmosphäre und helfen Ihrem Kind nicht weiter.

Reden Sie mit dem Lehrer

Sind Sie sicher, dass der Lehrer Ihres Kindes überhaupt schon bemerkt hat, welcher Angst und welchem Druck es während und vor Klassenarbeiten ausgesetzt ist? Nicht jeder kann die Symptome richtig deuten, und es gibt Unterrichtssituationen, die es einer Lehrkraft erschweren, jedes einzelne Kind individuell zu beobachten. In diesen Fällen hat der Lehrer es natürlich schwer, angemessen auf Angstsymptome zu reagieren. Vielleicht empfindet er das Verhalten Ihres Kindes als provokativ, extrem schüchtern oder glaubt, es hätte eben nicht genug für die Arbeit gelernt. Solche Missverständnisse können nur mit einem Gespräch aus dem Weg geräumt werden. Lassen Sie sich einen Termin geben und versuchen Sie, das Verhalten Ihres Kindes zu erklären.

Tipp

Fragen Sie nach, ob der Lehrer Verbesserungsvorschläge hat oder Hilfsangebote kennt, die Ihrem Kind aus dem Teufelskreis helfen. Appellieren Sie an die pädagogischen Fähigkeiten der Lehrkraft und versuchen Sie, die Sorgen Ihres Kindes zu deren Sorge zu machen.

Tipps für ein Gespräch mit dem Lehrer

- Klären Sie die Dauer des Gesprächs. Eine halbe Stunde sollte es schon sein. Hat der Lehrer jedoch nur 15 Minuten für Sie Zeit, so versuchen Sie am Ende des Gesprächs einen Folgetermin zu vereinbaren, um die Fortschritte oder Veränderungen zu besprechen.

- Notieren Sie sich vor dem Gespräch stichpunktartig, was Sie unbedingt sagen möchten. In der Aufregung vergisst man schnell mal etwas.

- Erwarten Sie nicht zu viel, erst mal geht es um einen Informationsaustausch und Lösungsansätze. Das Gespräch wird das Problem nicht sofort aus der Welt schaffen.

- Tragen Sie Ihr Anliegen in knappen, klaren Sätzen vor. Lehrer stehen meistens unter Zeitdruck.

- Vorwürfe haben hier keinen Platz. Bleiben Sie ruhig und schildern Sie nur die Fakten.

- Geben Sie dem Lehrer die Möglichkeit, Verständnisfragen zu stellen.

- Fragen Sie den Lehrer, ob er die Situation ähnlich sieht und vielleicht eine Lösung weiß.

- Lassen Sie den Lehrer ausreden.

- Stellen Sie Ihre Lösungsmöglichkeiten oder Anregungen vor – etwa dass der Lehrer dem Kind mehr Zeit gibt und das Kind sich im Gegenzug mit Ihrer Hilfe konsequenter vorbereitet.

- Versuchen Sie sich, auf eine oder zwei Änderungen für die Zukunft zu einigen.
- Verabreden Sie einen weiteren Termin, um zu überprüfen, ob diese Änderungen etwas gebracht haben.
- Bleiben Sie freundlich und bedanken Sie sich für die Hilfe.
- Verdeutlichen Sie sich, dass es in dem Gespräch um die aktuellen Sorgen Ihres Kindes geht. Bleiben Sie möglichst objektiv und lassen Sie sich nicht zu unbedachten Äußerungen hinreißen.
- Falls Sie sich dem Gespräch nicht gewachsen fühlen, ist es durchaus legitim, eine vertraute Person mitzunehmen. Wenn der Ehepartner nicht zur Verfügung steht, dann ist auch ein Freund oder eine Freundin eine gute Unterstützung.
- Fragen Sie den Lehrer, ob er schon ähnliche Erfahrungen mit anderen Kindern gemacht hat. Vielleicht fallen ihm vergleichbare Situationen ein, die er auf eine bestimmte Art und Weise aufgelöst hat.
- Regen Sie an, ob das Thema (hier: Prüfungsangst) nicht vielleicht einmal zum Inhalt einer Lehrerfortbildung gemacht werden könnte. Sicher ist Ihr Kind nicht das einzige mit diesem Problem.
- Notieren Sie sich nach dem Gespräch stichpunktartig die wichtigsten Aussagen, um für den nächsten Termin nichts zu vergessen.

Welche Hilfen
gibt es noch?

Eltern, Lehrer oder auch Schüler selbst können sich mit ihren schulischen Sorgen an den schulpsychologischen Dienst wenden, der bundesweit vertreten ist. Leider kommt auf rund 15.000 Schüler nur ein Schulpsychologe, die Wartezeiten können deshalb lang sein.

Der schulpsychologische Dienst

Die Fachleute der schulpösychologischen Dienste sind Ansprechpartner für alle Fragen und Probleme, die Schülerinnen und Schüler, aber auch die Eltern von schulpflichtigen Kindern und die Lehrkräfte haben. Die schulpsychologische Beratung ist ein Angebot auf freiwilliger Basis und geschieht auf jeden Fall vertraulich. Die Inhalte der Gespräche unterliegen der Schweigepflicht. Das Angebot ist gebührenfrei.
Neben der individuellen Beratung betreuen Schulpsychologen auch ganze Kollegien, bieten Fortbildungen an und kommen gegebenenfalls auch in die Schule, um sich einzelne Kinder in ihrer Klasse anzusehen. Sie sind neben vielen anderen Themengebieten auch mit dem Problem von Prüfungsangst und Schulstress vertraut. Im Gegensatz zu den anderen Beratungs- und Hilfsangeboten haben sie leichter die Möglichkeit, mit dem betreffenden Lehrer des Kindes oder dem Kollegium der Schule Kontakt

aufzunehmen und den einzelnen Problemfall zu besprechen. Sie können sogar das Thema „Angst vor Klassenarbeiten" als Inhalt einer Fortbildung oder einer pädagogischen Konferenz anbieten und so gezielt versuchen, den Umgang der Schule mit Prüfungen zu verändern.

Schulpsychologen können sowohl von den Eltern oder Schülern als auch über oder mit dem Lehrer direkt angefragt werden.

Erziehungsberatungsstellen

Wenn Schüler, Eltern und Lehrer gemeinsam keinen Ausweg finden, dann können und müssen ausgebildete Psychologen oder Psychotherapeuten weiterhelfen. Am einfachsten findet man neben den Schulpsychologen geeignete Hilfe über die örtlichen Erziehungsbera-

Eine Beratung kann den Teufelkreis durchbrechen helfen.

tungsstellen, die von öffentlichen oder freien Trägern, also der jeweiligen Kommune oder zum Beispiel von Diakonie, Caritas oder Wohlfahrtsverband betrieben werden.

Erziehungsberatungsstellen unterstützen Kinder, Jugendliche, Eltern und andere Erziehungsberechtigte bei der Klärung und Bewältigung individueller und familiärer Probleme, bei der Lösung von Erziehungsfragen sowie bei Trennung und Scheidung. Fachkräfte unterschiedlicher Ausbildungsrichtungen arbeiten hier Hand in Hand, um den jeweiligen Fragestellungen gerecht werden zu können.

Schul- und Ausbildungsprobleme nehmen neben Beziehungsproblemen einen großen Teil der Beratungsanfragen ein. Viele Erziehungsberatungsstellen bieten neben einer ausführlichen Beratung auch therapeutische Einzel- und Gruppenstunden (zum Beispiel Spieltherapie) an, die für Kinder und Jugendliche mit Prüfungsangst geeignet sind. Dies muss aber jeweils vor Ort mit der Beratungsstelle abgesprochen werden. Leider muss auch hier festgestellt werden, dass die Nachfrage nach Beratung groß, die Kapazitäten aber klein sind. Lange Wartezeiten sind oft nicht zu vermeiden. Die Beratungsstellen stehen allen Bürgern offen.

Psychotherapeuten

Lange Wartezeiten bei Beratungsstellen und Schulpsychologen oder andere Gründe können dazu führen, dass Eltern sich mit ihrem Kind für den Besuch bei einem Kinder- und Jugendlichen-Psychotherapeuten entscheiden. Die Methoden der Psychotherapie sind unterschiedlich und Eltern sollten sich zuerst einmal informieren, welcher Ansatz für sie in Frage kommt. Die Entscheidung für eine spezielle Praxis sollte auch unter dem Aspekt der gegenseitigen Sympathie fallen. Diese Möglichkeit hat man bei einem Schulpsychologen, die jeweils einer bestimmten Schule zugeordnet sind, natürlich nicht.

Lerntherapeutische Einrichtungen

Neben den öffentlichen und kirchlichen Hilfsangeboten können auch gute lerntherapeutische Institute Hilfe für Prüfungsängstliche bieten. Bei der Wahl einer solchen Einrichtung sollte aber unbedingt auf die Qualität des Angebotes geachtet werden, da der Titel „Lerntherapeut" nicht geschützt ist und sich jeder so **Lassen Sie sich** nennen darf. Am sichersten findet man eine gute Ein-**persönlich beraten.** richtung, wenn man sich nach Empfehlungen der Schule oder anderer betroffener Familien umhört. Kinder, die einen Kurs oder eine längere Förderung erfolgreich absolviert haben, sind die beste Qualitätsgarantie. Knebelverträge, unausgebildete Mitarbeiter oder große Gruppen von Schülern mit unterschiedlichen Lernzielen sind auf jeden Fall zu meiden. Ein persönliches Beratungsgespräch vor dem Beginn eines Kurses sollte unbedingt stattfinden. Versuchen Sie, Informationen über die pädagogischen Grundsätze der jeweiligen Einrichtung zu erhalten und klären Sie die Erfolgsaussichten. Begleitende Therapie-Gespräche mit Eltern und Schule sollten selbstverständlich sein.

Gemeinsam gegen die Angst

Als Marlon einen Gruppenkurs gegen Prüfungsangst in unserer Einrichtung besuchte, war er anfangs sehr ablehnend und zeigte kein Interesse an einer Mitarbeit. Seine Widerstände begannen jedoch schnell zu bröckeln, als er merkte, dass er mit seinen Problemen nicht allein war. Die drei anderen Kinder seiner Gruppe kämpften mit den gleichen Schwierigkeiten, und nach kurzer Zeit waren alle bereit, etwas gegen ihre Angst zu tun. Sobald die Kinder oder Jugendlichen merken, dass die Lerngruppe eine vertrauenswürdige Gemeinschaft ohne Abwertungstendenzen ist, fühlen sie sich sicher. Ihr natürliches Bedürfnis, gute Leistungen zu erbringen, das durch die negativen Erfahrungen in der Schule oft bereits verschüttet ist, kommt wieder zum Vorschein. Auch Marlon integrierte sich schnell und machte alle Übungen zur Entspannung oder zu effektiven Lerntechniken gerne mit. Zunehmend traute er sich auch in der Schule wieder mehr zu. Nach rund einem halben Jahr war er wieder in der Lage, einer Prüfung ohne allzu viel Angst entgegenzusehen.

Nicht zuletzt ist es natürlich auch wichtig, ob Ihr Kind sich in der Einrichtung wohl fühlt und seine Motivation und sein Selbstbewusstsein dort aufgebaut werden. Das reine Vermitteln von Lerntechniken wird meist nicht erfolgreich sein, wenn sich die Prüfungsangst schon festgesetzt hat.

Qualitativ hochwertige Träger solcher Maßnahmen sind dem örtlichen Jugendamt meistens bekannt, die Adressen erhalten Sie in der Regel schnell auf telefonische Nachfrage.

Es ist normal, dass Kinder von einer Lerntherapie anfangs nicht begeistert sind. Das Gefühl, mit seinen Problemen nicht allein zu sein, lässt die Widerstände aber meist schnell schwinden.

Kinderärzte, Kinderkliniken

Nicht immer werden Sie eine Erziehungsberatungsstelle, eine lerntherapeutische Einrichtung oder einen Psychotherapeuten in der Nähe des Wohnorts finden, besonders wenn Sie außerhalb einer größeren Stadt leben. Dann können Sie den Kinderarzt oder die entsprechenden Abteilungen einer Kinderklinik – Sozialpädiatrie oder Kinder- und Jugendpsychiatrie – auf die Problematik Prüfungsangst ansprechen.

Medikamente

Bei Kindern und Jugendlichen muss mit Arzneimitteln immer sehr vorsichtig umgegangen werden. Auf gar keinen Fall sollten Eltern selbst zur Pille für ihr Kind greifen. Natürlich gibt es chemische Substanzen, die gegen Nervosität und Angstzustände helfen. Doch sie bekämpfen nicht die Ursachen der Angst, sondern nur ihre Symptome. Da Prüfungen und Klassenarbeiten ja regelmäßig in der Schule vorkommen, müsste ein Schüler ebenso häufig Medikamente einnehmen, um diese angstfrei bestehen zu können. Eine Symptombekämpfung ist hier also nicht anzuraten, auch wegen der Nebenwirkungen und der Gefahr von Abhängigkeiten.

Vorsicht bei Medikamenten!

Sollten im Ausnahmefall die Ängste so schwerwiegend werden, dass es ohne Medikamente nicht geht, muss ein erfahrener Facharzt zu Rate gezogen werden.

Beruhigungsmittel

Schlafstörungen, die im Vorfeld einer Prüfung immer wieder auftreten, kann man mit überlieferten Hausmitteln wie warmer Milch mit Honig oder einem Baldriantee auch bei Kindern behandeln. Mit einem kleinen Trick kann die beruhigende Wirkung auch auf die aktuell anstehende Arbeit ausgeweitet werden. Erinnern Sie Ihr

Kind an die entspannende Wirkung von warmer Milch mit Honig und servieren Sie ihm am Morgen der Arbeit zum Frühstück ein Glas davon. Betonen Sie, dass die Milch am Tag ebenfalls sehr beruhigend wirkt, daher gibt es sie nur, wenn das Kind besonders aufgeregt ist. Ermahnen Sie Ihr Kind dann, aber bei der Klassenarbeit ja nicht einzuschlafen, denn auf gelassene Kinder wirke dieses Getränk extrem beruhigend.

Guter Schlaf vor der Klassenarbeit ist wichtig – aber wenn man das Thema aufbauscht, bewirkt man auch hier das Gegenteil.

Wenn Ihr Kind Ihnen glaubt, wird es eine entspannende und beruhigende Wirkung während der Arbeit spüren. Sie dürfen ihm die warme Milch aber wirklich nur abends oder aber am Morgen der Arbeit geben, sonst verliert der Zauber seine Wirkung.

Manche Kinder entspannen sich auch gut, wenn sie am Abend noch ein warmes Bad in der Wanne nehmen und sich dann ins Bett kuscheln.

Sicher kennen Sie selbst noch einige Situationen, die Ihr Kind entspannen und es beruhigen.

◀ Am Tag vor der Arbeit hilft Pauken wenig – besser ist ein wenig Entspannung.

Auf einen Blick: Hilfe gegen Prüfungsangst

- Langfristige Vorbereitung durch regelmäßiges Lernen.
- Effektive Lernstrategien aneignen, Kurs gegen Prüfungsangst besuchen.
- Angst durch Entspannungsübungen entgegenwirken.
- Erfolgsdruck durch die Erwartungen der Familie vermeiden.
- Überprüfen, ob das Kind mit der Schulform überfordert ist.
- Kooperation mit dem Lehrer oder der Lehrerin.
- Lob und Stärkung des Selbstbewusstseins.
- Belohnung der Anstrengungen des Kindes, nicht der Note.
- Psychologische Hilfe in Anspruch nehmen.

Selbstbewusst durchs Leben

Kinder und Jugendliche sind heute in ihrem schulischen Alltag einer Vielzahl von Anforderungen und Erwartungen unterschiedlichster Art ausgesetzt. Sie bekommen jedoch kaum effektive Hilfestellungen, sondern der einzelne Schüler und seine Eltern müssen selbst sehen, wie sie den steinigen Weg mit schlechten Schuhen bewältigen.

Hoher familiärer Erfolgsdruck, eine ungewisse wirtschaftliche Zukunft, teilweise mangelhaft ausgebildete Pädagogen und immer weniger Freiräume für Kinder sind sicher nicht unschuldig an den Problemen der Schüler und Schülerinnen, die den Erwartungen nicht genügen und mit Angst und Rückzug reagieren.

Es gibt viele Ursachen für Prüfungsangst, und nicht immer können Familien ihre Kinder davor schützen und ihnen das notwendige Rüstzeug für ihre schulische Laufbahn mitgeben. Wenn Eltern jedoch die ersten Anzeichen bemerken, sollten sie sich nicht scheuen, etwas dagegen zu tun – allein oder mit fachlicher Unterstützung. Unerkannte und unbehandelte Prüfungsangst bewirkt schnell eine verhängnisvolle Abwärtsspirale bis hin zur Schulverweigerung und zum inneren Rückzug. Was solch ein Verhalten für die Seele eines Kindes bedeutet, kann man sich vorstellen. Sein Einzug in die Welt, sein Eroberungsdrang, seine Persönlichkeitsentwicklung erleiden großen Schaden.

Selbstbewusste, fröhliche, gerecht behandelte, gut unterrichtete, gesunde, nicht überforderte und neugierige Kinder nehmen die Schule und ihre Prüfungen als eine Herausforderung an, und Eltern können ihnen helfen, diesen Weg mutig zu beschreiten.

Lassen Sie nicht zu, dass der zunehmende Leistungsdruck und der ängstliche Blick auf die berufliche Zukunft Ihr Blickfeld auf die schulischen Erfolge und Misserfolge einengen. Zeigen Sie Ihrem Kind immer, dass Sie es in der Summe aller seiner Persönlichkeitsaspekte lieben, denn dies ist die Basis für ein gesundes und starkes Selbstbewusstsein.

Serviceteil

Nützliche Adressen für Deutschland

Aktion Humane Schule (AHS) e.V.
Bundesgeschäftsstelle
Dipl. Päd. Detlef Träbert
Merheimer Str. 484
50735 Köln
www.ahs.uni-osnabrueck.de
Die AHS setzt sich für kindgerechtere und
menschlichere Schulen ein, vermittelt Bera-
tungsadressen, benennt Referenten und
gibt schriftliche Informationen heraus.

Bundeselternrat (BER)
Grantham-Allee 20
53757 St. Augustin
Telefon: 0 22 41/8 65-2 63/-2 64
Fax: 0 22 41/86 52 65
E-Mail: Bundeselternrat@gmx.de
www.bundeselternrat.de

Bundeskonferenz für Erziehungsberatung
Herrnstr. 53
90763 Fürth
Telefon: 09 11/97 714-0
www.bke.de

Internettipps

www.bildungsserver.de
Startseite der Bildungsserver der Bundes-
länder mit umfangreichen Informationen für
Schüler, Eltern, Lehrer und Auszubildende

www.lernfoerderung.de
Informationen zu Lern- und
Leistungsstörungen

www.schulpsychologie.de
Informative und umfangreiche Seiten
der deutschen Schulpsychologen

**www.ni.schule.de/~pohl/lernen/kurs/
lernlink.htm#Lernen_allgemein**
Viele ergiebige Quellen zum Thema Lernen,
Lernmethoden und Lerntypen

www.familienhandbuch.de
Online-Handbuch mit umfangreicher
Themendatei

Nützliche Adressen für Österreich

Bundesministerium für Bildung, Wissenschaft und Kultur

Abteilung V/4
(Schulpsychologie-Bildungsberatung)
Freyung 1
1014 Wien
Telefon: 01/5 31 20
E-Mail: schulpsychologie@bmbwk.gv.at
www.bmbwk.gv.at

Landesverband Wien der Elternvereine an den öffentlichen Pflichtschulen

Wipplingerstraße 28
1010 Wien
Telefon: 01/4 07 18 99
Fax: 01/4 06 00 85
E-Mail: landesverband.wien@wbn.wien.at
www.elternverband-wien.at

Verband der Elternvereine an höheren Schulen Wiens (AHS, BMHS)

Friedlgasse 53/4
1190 Wien
Telefon: 01/32 82-24
Fax: 01/32 82 31
E-Mail: elternverband@utanet.at
www.elternverband.at

Internettipps

www.elternweb.at
Hilfen speziell für Eltern

www.elternforum.at
Informations- und Kommunikationsplattform

www.bmbwk.gv.at
Das österreichische Bildungsministerium

www.schulpsychologie.at

Nützliche Adressen für die Schweiz

Schweizerische Vereinigung der Elternorganisationen SVEO

Sekretariat
Fliederstraße 9
8908 Hedingen
Telefon: 01/7 61 83 23
Fax: 01/761 83 42
E-Mail: sveo@rat.ch
www.sveo.rat.ch

Verband SKJP
Schweizerische Vereinigung für Kinder- und Jugendpsychologie

Hauptgasse 35
Postfach 1029
4500 Solothurn
Telefon: 0 41/32 6 21 30 30
Fax: 0 41/32 6 21 30 38
E-Mail: info@skjp.ch
www.skjp.ch

Internettipps

www.schule-elternhaus.ch
Die deutschschweizerische Elternorganisation S&E engagiert sich für eine konstruktive Zusammenarbeit zwischen Eltern, Lehrern und Schulbehörden.

www.schule-online.ch

Literaturtipps

Diekemper, Elisa und Reimann-Höhn, Uta: Rituale geben Sicherheit.
Herder Verlag, 2000
Im Erziehungsalltag spielen Rituale für Kinder und Eltern eine ganz wichtige Rolle. In nahezu allen Bereichen können sie helfen, so zum Beispiel auch bei Schwierigkeiten mit Lehrern oder Klassenkameraden und bei Ängsten vor Leistungsüberprüfungen.

Endres, Wolfgang: Nie wieder Pauken / 99 starke Lerntipps.
Beltz und Gelberg Verlag, 2002
Wer Probleme mit dem Lernen hat, wird bei Wolfgang Endres zahlreiche hilfreiche Lerntipps erhalten, die zum großen Teil ebenso einfach wie wirksam sind. Die Lernhilfen richten sich an Kinder und Jugendliche, die dem sturen Pauken entfliehen möchten und das intelligente Lernen bevorzugen.

Feichtenberger, Claudia und Wechdorn, Susanne: Mindmapping für Kinder. Hpt Verlag
Mindmapping als Lernmethode wird immer beliebter. Und so schmücken Mindmaps auch in diesem Buch in bunter Farbenpracht die Seiten, diesmal zur Erklärung ihrer eigenen Funktionen. Die Autorinnen haben es verstanden, die Methode so anschaulich zu präsentieren, dass sowohl Kinder als auch Erwachsene ihren Spaß am Lesen haben.

Dr. Klein, Jochen und Träbert, Detlef: Wenn es mit dem Lernen nicht klappt.
rororo Verlag, 2001
Über die vielfältigen Erscheinungsformen von Lern- und Leistungsstörungen sowie die unterschiedlichen Möglichkeiten, diesen zu begegnen, informiert dieses Buch. Unterstützt durch Beispiele aus der eigenen Berufspraxis werden wirksame Lernstrategien und Förderkonzepte vorgestellt.

Petermann, Ulrike: Entspannungstechniken für Kinder und Jugendliche. Beltz Verlag, 2000
Dieser praxisorientierte Ratgeber von Ulrike Petermann stellt verschiedene Entspannungstechniken vor und gibt Hinweise zu ihrer Anwendung im schulischen und therapeutischen Bereich. Eltern können hier viele Anregungen entnehmen, um Entspannung und Gelöstheit auch zu Hause umzusetzen.

Oelsner, Wolfgang und Lehmkuhl, Gerd: Schulangst. Walter Verlag, 2002
Die beiden erfahrenen Kindertherapeuten Oelsner und Lehmkuhl schildern in ihrem Buch die Ursachen, Auswirkungen und Behandlungsmöglichkeiten von Schulangst. Anhand von Beispielen und praktischen Hilfestellungen werden Eltern ermutigt, die Schwierigkeiten ihres Kindes zu erkennen und geeignete Hilfsangebote einzuholen.

Steinhausen, Hans-Christian: Seelische Störungen im Kindes- und Jugendalter.
Klett-Cotta Verlag, 2000.
Dieses fundierte Buch über die 26 häufigsten Störungen im Kindes- und Jugendalter richtet sich sowohl an Eltern als auch an Fachleute aus dem pädagogischen oder psychologischen Bereich. Alle Störungsbilder werden anhand jeweils eines Fallbeispieles erläutert. Die dargestellten Fakten sind wissenschaftlich belegt.